AF607043
AVERSO

GRIETAS DE CRISTAL

ALBA MUÑOZ CARBONELL

Número 56 de la Colección **PERVERSA**

Grietas de cristal

Edición al cuidado de Averso Poesía
www.aversopoesia.com

hola@aversopoesia.com

Primera edición: diciembre de 2025
ISBN: 979-13-990991-4-0
Depósito Legal: GR 1771-2025

Impreso en España - *Printed in Spain*

El papel utilizado para la impresión de este libro está calificado como papel ecológico y procede de bosques gestionados de manera sostenible.

GRIETAS DE CRISTAL

ALBA MUÑOZ CARBONELL

Para los que sienten demasiado, como si el mundo les quedara pequeño para todo lo que llevan dentro.
A los que aman sin freno,
lloran sin barreras y ríen con el alma.
Que nunca pierdan el coraje de sentir, porque en su sensibilidad habita una belleza que pocos comprenden, pero que ilumina los rincones más oscuros del mundo.

Armadura

Y tú,
¿qué guardas bajo la armadura? ¿Un corazón
que aún late o una herida que nunca cierra? Te
he visto luchar con sombras, golpear fantasmas
que solo tú conoces, mientras el brillo del acero
oculta lo que no dices.

Tal vez escondes un corazón,
escondido, callado,
temblando detrás del peso de tantas
batallas,
o tal vez es la herida,
esa grieta profunda que sangra en
silencio bajo la coraza que nunca
dejas caer.

Dime,
¿qué queda cuando el metal se enfría?
¿Cuando el ruido de la guerra se apaga
y te encuentras solo
con lo que queda de ti?

Porque bajo esa armadura
hay algo más que acero, algo
que late o se quiebra, y aún
no sé
si te sostienes por amor o
por el dolor que te empuja.

Flores

De mis lágrimas crecerán flores, y en el temblor de
cada gota
aprenderé a volver a vivir.

Que la tristeza, sembrada en mi pecho,
florezca en esperanza, en pétalos que
acaricien el viento, transformando el
dolor en jardines.

Cada lágrima caerá como semilla, haciendo
que de mi llanto surjan colores, y en la tierra
que hoy parece árida, nacerán campos de
amor y sueños.

Lloraré hasta que el dolor
se disipe, y mis lágrimas,
ahora flores,
pintarán mi alma con la
paz que siempre estuvo
escondida dentro.

Sin hilos

Sin «**dolor**», no hay catarsis.

Sin «**angustia**», no hay lucha ni superación.

Sin «**vida**», no hay trama.

Sin «**alegría**», no hay celebración.

Escribir sin estas palabras es negar la complejidad del ser humano, es exiliarse de la emoción que define nuestra existencia.

La deshumanización es actuar como marionetas sin hilos, movidas por fuerzas invisibles, pero sin la conexión auténtica con lo que somos.

Es perderse en un espejo que no refleja, en un eco que no responde.

La casa en el bosque

En una pequeña casa al borde de un bosque, tiempo y abandono habían dejado su huella. Las paredes estaban agrietadas, la pintura descascarada, y las ventanas, en su mayoría, rotas. Sin embargo, en medio de esta desolación, una ventana se mantenía intacta, un portal que aún reflejaba los rayos dorados del sol al atardecer.

Era una casa rota, sí, pero no sin historia. Cada grieta en la pared contaba un relato de risas pasadas, lágrimas derramadas y sueños compartidos. El viento, al silbar entre las rendijas, parecía susurrar secretos del pasado, envolviendo la casa en un aura de melancolía y esperanza.

Una tarde, mientras el sol descendía en el horizonte, un rayo de luz encontró su camino a través de la ventana intacta, iluminando una esquina polvorienta de la sala. Allí, en ese rincón olvidado, yacía un viejo diario cubierto de polvo. El diario, con páginas amarillentas y bordes desgastados, guardaba las memorias de un amor antiguo, un amor que había resistido el paso del tiempo.

Las palabras escritas en sus páginas hablaban de promesas eternas, de cartas enviadas y recibidas, de encuentros furtivos y abrazos robados bajo la luna llena. Era el testimonio de dos almas que se habían encontrado y amado profundamente, a pesar de las tormentas y los desafíos.

A medida que los rayos del sol acariciaban las páginas, era como si las palabras cobraran vida de nuevo. La casa, rota y olvidada, se llenaba de una calidez inesperada, una sensación de renacimiento. El amor, que una vez habitó esos muros, encontraba una nueva forma de existir a través del diario, a través de la memoria.

Las grietas y las ventanas rotas ya no parecían signos de decadencia, sino testigos de una historia de resiliencia y pasión. El amor había encontrado una ventana, no solo física, sino metafórica, para entrar nuevamente en la casa. Una ventana a través de la cual la luz del pasado se filtraba, iluminando el presente y ofreciendo una promesa para el futuro.

Y así, en esa casa rota, donde el viento susurraba y el polvo danzaba en la luz del atardecer, el amor encontró su camino. Encontró la ventana que necesitaba para recordar, para revivir y para mostrar que, incluso en los lugares más olvidados, el amor puede encontrar una manera de florecer de nuevo.

La casa rota ya no era solo un vestigio del pasado, sino un símbolo de que el amor, verdadero y eterno, puede resistir el tiempo y las dificultades, siempre encontrando una manera de brillar, incluso a través de una simple ventana.

Miedo

Me da miedo que mis miedos nunca ocurran, que estas sombras que me envuelven sean solo espectros sin sustancia, fantasmas que mi mente conjura en la oscuridad. He construido este refugio de ansiedad, una fortaleza de dudas y temores, creyendo que así, protegida, podría evitar el dolor del mundo exterior.

Cada noche, en la penumbra, los pensamientos giran como hojas en el viento.

¿Qué si mis miedos son solo ilusiones, ecos de un futuro que nunca será? He vivido bajo el peso de sus amenazas, he visto el sol filtrarse entre las grietas, pero me he negado a salir, por temor a lo desconocido.

¿Qué si este refugio es solo una prisión, una cárcel que yo misma construí, por miedo a enfrentar la vida sin sus muros? ¿Qué si, en mi afán de evitar el sufrimiento, he cerrado la puerta a la alegría, he apartado la esperanza, la risa, los momentos que podrían haber sido míos?

Me da miedo que mis miedos nunca ocurran, y que esta vida, vivida en precaución, sea una vida no vivida, un sueño que no se realizó.

Cada día, me pregunto si he sido demasiado cauta, si he dejado que el miedo dicte mi destino, si en mi afán de evitar el dolor, he evitado también el amor, la pasión, la aventura.

¿Qué si, al final, solo encuentro vacío, un eco de lo que pudo ser y no fue, un reflejo de mí misma, temerosa y encogida, mirando desde la ventana del tiempo perdido?

Me aterra pensar que mis miedos hayan sido solo espejismos, que esta fortaleza, que este refugio, hayan sido en vano.

Pero quizás, en la luz de la mañana, cuando las sombras se disipan, descubra la verdad oculta: que la vida se vive en el riesgo, en la valentía de enfrentar lo incierto, en abrir las puertas del corazón, en dejar que el sol ilumine las partes más oscuras de mi ser.

Quizás, entonces, pueda dejar este refugio, salir al mundo con el corazón abierto, aceptando que los miedos no deben dictar mi camino, sino ser solo una parte de la historia que escribo. Y en esa aceptación, en ese paso hacia lo desconocido, encontrar la libertad que siempre busqué, vivir plenamente, sin miedo, sabiendo que he dejado el refugio atrás, para abrazar la vida en toda su magnífica incertidumbre.

Comparación

En la vida, todos comenzamos como bebés en todo lo que hacemos. Desde nuestros primeros pasos hasta nuestros primeros intentos en cualquier habilidad nueva, dependemos del apoyo y la guía de quienes nos rodean. Esos momentos iniciales están llenos de aprendizaje y, a menudo, de tropiezos. Sin embargo, es importante recordar que todos enfrentamos este comienzo humilde.

A medida que crecemos y avanzamos, es fácil caer en la trampa de compararnos con otros. Observamos a quienes ya han recorrido un largo camino y nos sentimos insuficientes o desanimados. Pero debemos recordar que el verdadero oponente no es el que está a nuestro lado, sino nosotros mismos.

La lucha más significativa
es la que libramos
contra nuestras propias limitaciones, dudas y
miedos.

Daniel

En una ciudad llena de ruido y prisas, vivía un joven llamado Daniel, quien, a simple vista, lo tenía todo: un buen trabajo, amigos, una vida aparentemente perfecta. Pero cada noche, cuando se apagaban las luces, el silencio se volvía ensordecedor y su mente se llenaba de pensamientos oscuros. Ansiedad, miedo, tristeza... emociones que nunca mostraba.

Durante años, Daniel había aprendido a ocultar sus sentimientos. «Sé fuerte», le decían. «No te quejes, hay quienes están peor». Así, se convenció de que pedir ayuda era una señal de debilidad. Pero cada día, esa carga se hacía más pesada, y en lugar de desaparecer, los sentimientos crecían como una sombra que lo seguía a todas partes.

Una tarde, agotado y sin saber a quién recurrir, decidió caminar por el parque de su infancia. Allí, bajo un viejo roble, se encontró con un joven sentado en un banco. Parecía tranquilo, en paz, ajeno al ajetreo de la ciudad. Sin saber por qué, Daniel se sentó junto a él.

«¿Te preocupa algo?», preguntó el joven, con una voz suave pero firme. Sorprendido por la pregunta, Daniel no pudo evitar abrirse. Habló de sus miedos, su ansiedad, y de cómo sentía que llevaba una máscara todos los días.

El joven lo escuchó con calma, sin interrumpir. Cuando Daniel terminó, él le sonrió y dijo:

—Lo que llevas dentro no desaparecerá por ignorarlo. El primer paso para sanar es reconocer que no tienes que hacerlo solo. Hablar es liberador. No es debilidad, es valentía.

Daniel, por primera vez en mucho tiempo, sintió una ligera calma.

—La salud mental es como esa planta que tanto amas. Si no la cuidas, si no lo riegas, eventualmente se marchita. Pedir ayuda no es una señal de que te falta fuerza; es una señal de que estás dispuesto a nutrir esa planta, a darle vida.

Esa noche, Daniel tomó una decisión. Hizo una llamada que había estado postergando durante años, contactando a un terapeuta. Sabía que el camino no sería fácil, pero había aprendido algo invaluable: no tenía que cargar con todo él solo.

Cuidar de nuestra salud mental es un acto de coraje. Reconocer nuestras luchas y pedir ayuda no nos hace más débiles; al contrario, nos permite encontrar la fortaleza para crecer y sanar.

Sofía

Sofía había sido siempre la amiga que escuchaba, la que estaba ahí para los demás, pero con el tiempo se dio cuenta de que había olvidado cómo escuchar a la persona más importante: ella misma. Todos la veían sonreír, pero pocos sabían que, por dentro, la tormenta rugía.

Un día, mientras caminaba por la ciudad, se topó con un mural que decía: «A veces, cuidar de ti mismo es lo más valiente que puedes hacer». Esas palabras la hicieron detenerse. ¿Cuándo fue la última vez que pensó en su propio bienestar? En ese momento comprendió que su agotamiento no se debía solo a las demandas de su entorno, sino también a su falta de autocuidado. Había pasado tanto tiempo apagando fuegos ajenos que no se había dado cuenta de que el suyo propio estaba a punto de extinguirse.

Esa misma tarde, tomó una decisión que cambiaría su vida. Comenzó a buscar ayuda, a hablar con un terapeuta, a permitirse sentir vulnerable y, sobre todo, a poner límites. No fue fácil. Al principio, la culpa la invadía, como si decir «no» a los demás la convirtiera en alguien egoísta. Pero pronto entendió que la verdadera fortaleza no estaba en dar hasta vaciarse, sino en saber cuándo parar, cuándo recargar.

Cuidar de nuestra salud mental es un acto de amor propio. No podemos salvar a los demás si nos estamos ahogando en el proceso. Estar bien con nosotros mismos nos permite ofrecer lo mejor a los demás, y la verdadera valentía está en reconocer cuando necesitamos parar para sanar.

Juicios

Las opiniones de los demás están cargadas de historias personales. Cada juicio, cada crítica, cada elogio que recibimos de los otros no es solo una evaluación de nuestro ser o nuestras acciones, sino también un reflejo de la vida y las experiencias de quien lo emite. Todo juicio es en gran parte una confesión.

Cuando alguien expresa una opinión, lo hace a través del filtro de sus propias vivencias, creencias, valores y heridas. Las palabras que eligen y la forma en que juzgan están inevitablemente teñidas por su historia personal. Esto significa que lo que dicen sobre nosotros, en realidad, revela mucho sobre ellos mismos.

Por ejemplo, una persona que ha crecido en un entorno crítico puede ser más propensa a emitir juicios duros sobre los demás. Sus palabras, aunque dirigidas hacia otros, son en realidad un reflejo de la crítica que ha internalizado. Del mismo modo, alguien que ha experimentado mucha empatía y apoyo en su vida tenderá a ser más comprensivo y positivo en sus opiniones.

Comprender que las opiniones y juicios de los demás están profundamente influenciados por sus propias historias puede cambiar nuestra percepción y reacción hacia ellos. En lugar de aceptar ciegamente las críticas o los elogios, podemos aprender a verlos como ventanas a las experiencias y emociones de la persona que los emite.

Esto no solo nos da una visión más clara de la realidad, sino que también nos ayuda a no tomarnos los juicios de manera personal.

Esta perspectiva también nos lleva a reflexionar sobre nuestros propios juicios y opiniones. Cada vez que emitimos un juicio, estamos revelando partes de nuestra propia historia, nuestras inseguridades, nuestros valores y nuestras experiencias. Reconocer esto nos puede hacer más conscientes y responsables de nuestras palabras, promoviendo una comunicación más auténtica y empática.

Al final del día, entender que «todo juicio es en gran parte una confesión» nos invita a la compasión. Nos ayuda a recordar que todos estamos luchando nuestras propias batallas internas y que nuestras percepciones están moldeadas por esas luchas. Nos anima a escuchar con el corazón abierto, a ser menos reactivos y más comprensivos.

Las opiniones de los demás son espejos que reflejan tanto nuestras propias acciones como las historias de quienes las emiten. A través de esta comprensión, podemos encontrar una mayor paz interior y una conexión más profunda con los demás, basada en la empatía y la comprensión mutua. Así, cada juicio se convierte en una oportunidad para conocer mejor tanto a los demás como a nosotros mismos.

La vida fluye, en
preguntas sin fin,
responde el mar.

Conexiones

Las conexiones humanas son como relámpagos en la noche, destellos de luz que iluminan nuestros corazones y nos dejan con una sensación de maravilla y asombro. En un mundo donde el ritmo frenético de la vida a menudo nos desconecta de nosotros mismos y de los demás, estas conexiones son como oasis en un desierto árido, ofreciendo refresco y consuelo.

Imagínate caminando por un bosque denso, lleno de sombras y misterios. De repente, encuentras un claro donde los rayos del sol atraviesan las copas de los árboles, creando un espacio de luz y calidez. Esa es la esencia de una conexión genuina: un respiro, una pausa en medio del caos, un lugar donde puedes ser verdaderamente tú mismo.

Las conexiones son como el viento que lleva semillas a tierras lejanas. Pueden sembrar nuevas ideas, esperanzas y sueños en nuestros corazones. Al igual que el viento, son impredecibles y pasan fugazmente. No podemos controlarlas ni forzarlas, solo podemos estar abiertos y receptivos cuando llegan.

Cada conexión auténtica que experimentamos es como un hilo dorado que nos teje en el gran tapiz de la humanidad. Estos hilos, aunque delgados y frágiles, tienen una fuerza y una belleza que trascienden el tiempo. Nos recuerdan que no estamos solos, que nuestras vidas están entrelazadas con las de otros en formas profundas y significativas.

Es crucial disfrutar de estas conexiones cuando se presentan.

Son como cometas en el cielo, breves y brillantes, que nos invitan a levantar la vista y soñar. Aprovecharlas significa estar presente, abrir nuestro corazón y permitirnos ser vulnerables.

Significa valorar cada risa compartida, cada mirada cómplice y cada conversación sincera.

A través del miedo

Ve a través del miedo, con ojos de valentía, despeja las sombras, encuentra la armonía. El miedo es un velo que nubla la visión, pero más allá de él encontrarás tu canción.

El miedo es un susurro que en la noche te habla, te dice que no puedes, que no eres capaz. Pero si lo enfrentas, si lo miras de frente, verás que es solo un eco, de un pasado ausente.

Ve a través del miedo, con pasos decididos, cada sombra que enfrentes será desvanecida. Descubre que el monstruo, que en tu mente habita, es solo una ilusión, que tu alma limita.

Cada vez que lo miras, con ojos claros y firmes, destruyes sus cadenas, y su poder se extingue. Ve a través del miedo, encuentra tu verdad, enfrenta sus mentiras, descubre tu paz.

El miedo te susurra que el fracaso es fatal, pero en cada caída, hay un aprendizaje vital. Ve a través del miedo, y verás la luz brillar, cada paso que das te lleva a un nuevo lugar.

No dejes que te controle, no dejes que te venza, ve a través del miedo, y encuentra tu esencia. Serás más fuerte, más sabio, más real, cada miedo enfrentado es una victoria personal.

Así que ve a través del miedo, con el corazón en la mano, y descubrirás que eres más grande de lo que habías pensado. El miedo es solo un maestro, que te desafía a crecer, y al verlo a través, descubrirás tu poder.

Contrato

Cada día es un contrato
que firmas con la vida, sin
saber lo que te espera.

Y cuando rompes, cuando el
dolor te hace trizas, es ahí
donde aprendes que no hay
destino escrito, solo
posibilidades por explorar.

Así que no me hables de fuerza como
si fuera un muro, háblame de la
belleza en ser flexible, en doblarse con
el viento, y en volver a la raíz, solo
para florecer de nuevo.

Caer no es fracaso,
es solo la pausa
entre un latido y el
siguiente.

Metamorfosis

El dolor es una experiencia inevitable en la vida. Todos, en algún momento, enfrentamos sufrimientos que nos desafían, nos duelen profundamente y nos hacen cuestionar nuestra propia fortaleza. Sin embargo, el verdadero desafío no radica solo en sobrevivir al dolor, sino en cómo permitimos que nos transforme.

«Que el dolor no te transforme en una mala persona» es un recordatorio crucial. Enfrentados con el sufrimiento, es fácil caer en la trampa del resentimiento, la amargura y la hostilidad. El dolor puede oscurecer nuestra visión, endurecer nuestro corazón y hacernos olvidar la humanidad de los demás. Pero el dolor también puede ser una oportunidad para una metamorfosis positiva, para emerger de las dificultades como personas más fuertes, humildes, empáticas y reales.

El dolor puede ser un forjador de carácter. En medio de las pruebas, descubrimos fuerzas que no sabíamos que poseíamos. Cada lágrima, cada noche sin dormir, cada momento de desesperación, puede ser una herramienta que moldea nuestra resistencia y nos enseña a soportar las adversidades con dignidad.

La humildad nace del reconocimiento de nuestra vulnerabilidad. El dolor nos recuerda que somos humanos y que necesitamos de los demás. Esta comprensión nos hace más humildes, más dispuestos a aceptar ayuda y a ofrecerla cuando otros están en necesidad. La humildad es la base sobre la cual construimos conexiones más auténticas y significativas con los demás.

La empatía se fortalece a través del dolor. Cuando sufrimos, nos volvemos más conscientes del sufrimiento de los demás. Esta sensibilidad nos permite conectar profundamente con las experiencias ajenas, nos enseña a escuchar sin juzgar y a ofrecer consuelo sincero. La empatía nos humaniza, nos hace más compasivos y capaces de crear un entorno de apoyo y comprensión.

Finalmente, el dolor nos hace más reales. Nos obliga a confrontar nuestras sombras, a despojarnos de máscaras y a ser auténticos. Nos enseña que la perfección es una ilusión y que la verdadera belleza reside en nuestras imperfecciones y en la valentía de ser nosotros mismos, sin pretensiones.

En lugar de permitir que el dolor nos transforme en malas personas, podemos elegir la metamorfosis hacia la fortaleza, la humildad, la empatía y la autenticidad. Cada desafío puede ser una lección, cada herida una oportunidad para crecer y cada caída una preparación para un vuelo más alto.

El dolor, aunque difícil, puede ser el catalizador de nuestra transformación más profunda y significativa. Podemos emerger de las cenizas de nuestras experiencias más dolorosas como individuos renovados, más conectados con nuestra humanidad y con una mayor capacidad para amar y ser amados. Así, el dolor no solo deja cicatrices, sino también huellas de crecimiento y evolución personal.

Frustraciones

No soy lo que quería haber sido, pero en la tormenta de mis fracasos hallé la calma de mi autenticidad. He caminado por mares inciertos, navegado entre dudas y esperanzas, y en cada puerto alcanzado he dejado una parte de mí.

En mis grietas, florecen las luces de una humanidad imperfecta. Cada herida, una marca sagrada, testigo de mi resistencia. He sobrevivido, no como soñé, sino como necesitaba ser, aprendiendo a abrazar mis sombras, a celebrar mi ser incompleto.

La vida, con su danza caprichosa, me enseñó a encontrar belleza en la imperfección, a amar la fragilidad de mi ser. No soy lo que creía que sería, pero en cada amanecer, en cada estrella que parpadea en la noche, reconozco la verdad de mi viaje.

He sobrevivido siendo yo, un mosaico de errores y aciertos, un poema escrito en páginas arrancadas, un alma que se reinventa a cada paso. No soy una heroína, ni una sabia, soy un ser humano, viviendo, respirando, amando, errando, aprendiendo.

Sobreviví siendo yo, y en esa verdad, encuentro mi paz. Cada momento, un reflejo de mi esencia, cada suspiro, una nota en la canción de mi vida. No soy lo que creía que sería, pero en mi autenticidad encuentro la belleza de ser quien soy.

En cada desvío inesperado, en cada caída y levantada, descubrí que la verdadera fortaleza no reside en la perfección, sino en la capacidad de aceptarse y seguir adelante. La vida, con todos sus giros y vueltas, me mostró que no es necesario ser lo que otros esperan, sino ser auténtico en cada paso que doy.

Así, me muevo por el mundo, consciente de mis límites, pero también de mis infinitas posibilidades. No soy lo que quería haber sido, pero en la honestidad de mi ser he encontrado una paz más profunda de lo que jamás imaginé. Y en esa paz, sigo navegando, aprendiendo y creciendo, siendo plenamente yo.

Dudas

Nos pasamos la vida dudando. Cada día, cada momento, nos encontramos frente a una encrucijada de decisiones, grandes y pequeñas. Nos preguntamos si deberíamos mandar ese mensaje que llevamos tanto tiempo escribiendo en nuestra mente, si deberíamos expresar lo que sentimos o si deberíamos dejarlo pasar, temerosos de las consecuencias.

Dudamos si merece la pena exponernos, si abrirnos nos traerá alivio o solo nos causará más dolor. Tememos que nuestras palabras puedan ser malinterpretadas o, peor aún, ignoradas. La incertidumbre nos paraliza, y en ese estado de indecisión, muchas veces preferimos rendirnos antes de atrevernos a dar el paso.

¿Por qué no hacerlo? ¿Por qué no decidirnos a hablar de lo que nos pasa? Guardar nuestros sentimientos y pensamientos puede parecer más seguro, pero también nos encierra en una prisión de dudas y arrepentimientos. Hablar de lo que nos preocupa, de lo que nos duele, también puede ser un acto de sanación. Puede ser un puente hacia la comprensión, hacia la empatía y, quizás, hacia una conexión más profunda con quienes nos rodean.

La vida es hoy. No sabemos lo que nos depara el futuro, y el pasado ya no está en nuestras manos. Lo único que tenemos es este momento, esta oportunidad de ser valientes y auténticos. De decir lo que pensamos, de expresar lo que sentimos, de vivir sin las cadenas de la duda constante.

Nos pasamos la vida dudando, pero tal vez, solo tal vez, podríamos empezar a vivir realmente si dejamos de cuestionar tanto y nos permitimos actuar más.

Si elegimos la honestidad sobre el miedo, la acción sobre la indecisión, la comunicación sobre el silencio.

Porque, al final, hablar de lo que nos pasa, compartir nuestras inquietudes y nuestras alegrías, nos conecta con los demás y con nosotros mismos. Nos permite liberar la carga que llevamos dentro y encontrar alivio en la comprensión mutua.

La vida es hoy, y en este hoy, tenemos la oportunidad de ser valientes. De mandar ese mensaje, de hablar desde el corazón, de vivir plenamente sin dejar que las dudas nos detengan. Porque, al final del día, es mejor haber intentado y fallado que haber vivido con la eterna pregunta de «¿y si...?».

El nudo en la garganta

Lo que callo es
un nudo en la garganta, un peso que
me asfixia,
que me atraganta.

Me envuelve, me tapa
como una manta, y en su
sombra,
mi voz se quebranta.

Cada palabra no dicha es un
eco sordo,
un grito atrapado
en el abismo de mi ser.

Lo que no expreso se
convierte en un lazo,
una cuerda invisible
que me empieza a vencer.

Me digo que debo hablar,
que debo gritar,
liberar lo que tanto me atrapa, dejarlo
volar.

Porque lo que no decimos
no muere en el silencio,
se convierte en tormenta.

En mi pecho,
el silencio se vuelve como un aguijón, clavando
sus garras,
sin piedad ni razón.

Las palabras no dichas
son dagas en el viento,
cortan mi aliento,
me roban el intento de ser libre,
de ser yo mismo, de ser sincero,
de enfrentar mis miedos, de ser
entera.

Habla, me digo, aunque
tiemble la voz, grita tu
verdad,
rompe el velo atroz.

Porque lo que no decimos
no se desvanece,
se convierte en sombra
que nunca amanece.

Libera tu alma, desata
el nudo cruel, deja que
tu voz vuele
como un laúd fiel.

Que cada palabra sea
un bálsamo,
una canción, que cure las heridas, que
rompa la prisión.

Lo que callo es un nudo en
la garganta, pero hoy
decido hablar,
sin miedo, sin manta.

Gritar mi verdad, aunque el
mundo no escuche, porque lo
que no decimos,
en silencio, nos destruye.
Así que alza tu voz, no
dejes que te ahogue,
que cada palabra
sea una estrella que se forje.

Porque en el decir,
encontramos la calma, y
en la verdad,
liberamos el alma.

Versiones

La vida es un lienzo en blanco, y cada día es una oportunidad para pintarlo con los colores de tu alma. No dejes que otros elijan los pinceles o los tonos; es tu obra maestra, y solo tú puedes decidir cómo será.

En un mundo donde todos parecen tener una opinión sobre quién deberías ser, es fácil perderse en el ruido. Las expectativas de los demás pueden ser una jaula dorada, reluciente pero limitante. Te dicen cómo deberías vestir, qué deberías estudiar, cómo deberías comportarte. Pero ¿qué hay de lo que tú quieres? ¿Qué hay de tus sueños, tus pasiones, tus deseos más profundos?

Ser la mejor versión de ti mismo no significa ser perfecto; significa ser auténtico. Significa escuchar la voz dentro de ti, esa que a veces susurra y otras grita, pero siempre está ahí, guiándote hacia tu verdad. Es abrazar tus fortalezas y aceptar tus debilidades, porque ambas te hacen único.

Imagínate como un árbol. Un árbol no se disculpa por crecer hacia el sol, no se encoje porque otros árboles crecen más alto o más rectos. Simplemente, crece. Sus raíces se hunden profundamente en la tierra, buscando sustento, mientras sus ramas se extienden hacia el cielo, buscando luz. Así deberías ser tú: arraigado en tus valores, alcanzando tus sueños.

Ser la mejor versión de ti mismo es un acto de valentía. Requiere mirar dentro de ti, confrontar tus miedos y abrazar tu vulnerabilidad. Es el coraje de decir «esto soy yo» sin disculpas ni explicaciones. Es elegir tu propio camino, incluso cuando es el menos transitado, porque sabes que es el tuyo.

Recuerda, la vida es demasiado corta para vivirla de acuerdo con los guiones de otros. No eres un actor en la obra de alguien más; eres el protagonista de tu propia historia. Los demás pueden ser espectadores, pueden aplaudir o criticar, pero, al final del día, solo tú sabes lo que es mejor para ti.

Así que, sé la mejor versión de ti mismo. No porque alguien más te lo diga, sino porque te lo debes a ti mismo. Abraza tu autenticidad, celebra tus peculiaridades, y vive con pasión y propósito. Porque cuando eres fiel a ti mismo no solo creas una vida que es verdaderamente tuya, sino que también inspiras a otros a hacer lo mismo.

Sé el artista de tu propio destino, el autor de tu propia historia, y la mejor versión de ti mismo. No la versión que otros quieren ver, sino la versión que te hace sentir pleno, feliz y libre.

Vivir o existir

¿Vives o existes? Pregunto en la penumbra,
mientras la vida pasa, cual
río que no espera.
¿Eres tú quien navega sus aguas
profundas, o te dejas llevar, perdido en su
marea?

Existir es respirar sin sentir el aire, es
caminar sin notar el suelo bajo los pies,
es mirar al cielo sin ver sus colores, es
estar sin estar, es ser sin ser.

Vivir es un acto de pura conciencia, es sentir
cada latido como un tambor sagrado, es
abrazar la alegría, el dolor, la paciencia, es
bailar con la vida en un ritmo apasionado.

Existir es la rutina sin alma, sin
fuego,
es un reloj que avanza sin marcar momentos, es
un día tras otro en un ciclo ciego, es dejar que
los sueños se pierdan en los vientos.

Vivir es despertar con el sol en el alma, es
reír,
es llorar, es soñar
sin medida,

es saber que cada día es una página en blanco, es
escribir tu historia con el corazón, sin prisa.

Existir es mirar sin ver, oír
sin escuchar,
es pasar por la vida como un espectro
mudo, es temer al cambio, es no querer
saltar, es olvidar que vivir es un arte, no un
escudo.

Vivir es ser valiente en la tormenta y la calma, es
encontrar belleza en la sombra y la luz, es
comprender que la vida es una danza sin trama,
es celebrar el momento, es ser tú.

Entonces dime,
¿eres el soñador o el sueño que pasa?
Porque vivir es un verbo que insiste en
ser la chispa que enciende cada casa.

Vivir es tomar la rienda, es
ser el capitán,
de un barco que surca mares de misterio y de
amor, es sentir el viento, es tocar la libertad, es
saber que la vida es más que un simple rumor.

Sin más vivo

Vivo en un sin más, un
espacio vacío, sin más
que existir, sin más que
un desvío.

No vivo, sobrevivo, en un
constante vaivén, como una
sombra que pasa, sin rumbo,
sin zen.

En modo avión, me
desconecto del mundo, paso
los días estando, sin estar en
lo profundo.

¿Piensas que estás en las nubes,
flotando sin fin?
No sé dónde quiero ir,
perdida en la confusión,
solo sé que vivo sin parar, sin dirección.

La rutina es una niebla,
que envuelve mi ser, me
arrastra sin rumbo, sin
dejarme ver.

Vivo en un sin más, un
perpetuo limbo, donde los
días se mezclan, sin sentido,
sin ritmo.

Cada amanecer es un eco, de lo
que ya pasó, cada anochecer es
un susurro, de lo que nunca
llegó.

Me pregunto si algún día
encontraré claridad, si las nubes
se abrirán, revelando la verdad.

¿Es este mi destino, mi eterna
existencia? ¿O puedo romper
este ciclo, hallar mi esencia?

En modo avión, me paso los
días flotando, escapando de
la realidad, de mi ser,
desconectando.

Pero las nubes no son refugio,
solo un escape fugaz, una
ilusión de paz, que se
desvanece sin más.

No sé dónde quiero ir, pero
sé que debo buscar, un
propósito, un camino, un
lugar donde anclar.

Vivir sin parar, pero con un
rumbo definido, no solo
sobrevivir, sino vivir con
sentido.

Hoy decido bajar de las nubes,
enfrentar la verdad, buscar en
mi interior, hallar mi propia paz.

Dejar el modo avión, reconectar
con la vida, vivir plenamente,
con alma y con brío encendida.

Vivo en un sin más, pero
eso va a cambiar, buscaré
mi destino, encontraré mi
lugar.

No más días sin estar, no más
sombras sin voz, viviré
plenamente, con propósito
y con pasión.

Siempre fuerte

En miles de ocasiones, la soledad
es mi única compañía, un silencio
abrumador que me envuelve, día
tras día.

En este vasto mundo, a menudo
no hay nadie ahí, solo me tengo a
mí misma, y a veces ni eso, ni
siquiera a mí.

Siempre fuerte, un susurro
en mi mente, un
recordatorio constante, una
promesa latente.

Me digo que debo levantarme, sin
importar la caída, pues nadie vendrá
a tomar mi mano y arreglar mi vida.

Es en la oscuridad donde la luz interior
brilla más fuerte, es en el abismo
donde descubro mi verdadera suerte.

No es fácil caminar por este
camino solitario, pero en
cada paso hallo mi ser
extraordinario.

Nadie vendrá a sostenerme,
a resolver mis dilemas,
ni a deshacer los nudos
de mis problemas.

Es mi batalla, mi lucha
incansable, encontrar
en mí misma la fuerza
indomable.

En este viaje, no hay manos
que me guíen, solo el eco de
mis pasos que resuenan y
persiguen.

«Siempre fuerte», me
digo al despertar, es un
mantra, un grito, un
acto de amar.

Cada vez que caigo, me
levanto más sabia, cada
herida me enseña, me
vuelve más brava.

Así que cuando el mundo se oscurece y
parece sin color, recuerdo esas palabras,
llenas de vigor.

Siempre fuerte, un faro en mi
tormenta, una llama que nunca
se apaga, que siempre me
sustenta.

No importa cuán solitario
sea el sendero, en mi
interior, hallo el consuelo
sincero.

Porque al final del día,
solo me tengo a **mí**,
y eso es suficiente
para seguir **aquí**.

Renacer

Caí, más veces de las que puedo contar, pero cada caída me mostró el suelo, me enseñó a reconocer la dureza de la tierra, y desde ahí, aprendí a levantarme. La vida no me dio treguas, me puso frente a tormentas que creí no poder enfrentar, pero el viento que me sacudió también me fortaleció, como el árbol que, en medio del huracán, aprende a enraizarse más profundo.

Hubo noches sin estrellas, donde la oscuridad parecía infinita, y mis pensamientos eran la única compañía, pero en el silencio aprendí a escuchar mi propia voz, a encontrar la chispa que aún brillaba dentro de mí.

Resiliencia no es ser invencible, es ser capaz de reconocer las cicatrices, llevarlas como medallas, sabedor de que cada una cuenta una historia de lucha, de pérdida, pero también de victoria.

Así somos, frágiles pero fuertes, con un corazón que se agrieta, pero que también sabe sanar.

Porque el verdadero poder no está en no sufrir, sino en amar después del dolor, en sonreír después de las lágrimas, y en seguir caminando, aunque el camino sea incierto.

Resiliencia es el arte de reconstruirse,
de encontrar belleza en las ruinas, y de
saber que, a pesar de todo,
la vida siempre vale la pena.

Tropiezos

Despierta y tropieza con mi vida,
con los restos desordenados que
quedaron de tantas caídas.

No pises con cuidado, aquí
todo es frágil, y, aun así, sigo
en pie entre las ruinas de lo
que fui.

Tropezarás con las noches en vela,
con los sueños que dejé a medias y
las promesas que nunca sostuve.

Camina por mis miedos como si
fueran piedras sueltas en un camino
que nunca termina.

Tropezarás con mis dudas, con las
cicatrices que hablo en silencio, y quizá
veas en el caos algo que aún se mueve.

Porque en este desorden, en
cada tropiezo, aún queda un
latido, aún queda algo de
vida entre todo lo que se ha
roto.

Kintsugi

La vida, en su esencia, es un tejido de experiencias, emociones y recuerdos que nos moldean. Algunas de estas experiencias nos dejan cicatrices profundas, heridas que no se curan fácilmente. En nuestra búsqueda por la felicidad y la plenitud, solemos creer que la cura es superar, olvidar o vencer esas heridas. Pero la realidad es mucho más profunda y significativa: «La cura no es ganarle a la herida. Es aprender a caminar con ese pedazo roto».

Esta verdad es un recordatorio de la resiliencia humana. En lugar de tratar de ocultar o borrar nuestros traumas, la sanación verdadera radica en aceptarlos como parte de nuestro ser. Cada herida es un testimonio de nuestra capacidad de sobrevivir, de seguir adelante a pesar del dolor.

Imagina un jarrón roto, reparado con cuidado utilizando el arte del kintsugi, donde las grietas se rellenan con oro, resaltando no solo las fracturas sino también la belleza que emerge de ellas. Así somos nosotros, seres humanos con grietas visibles, que muestran la fortaleza que hemos desarrollado en cada fragmento roto.

La vida no nos pide perfección. Nos pide autenticidad. Nos pide que abracemos cada parte de nuestro ser, incluso las que duelen. Al aceptar nuestras heridas, al caminar con nuestros fragmentos, nos volvemos más conscientes de nuestra vulnerabilidad, y en esa vulnerabilidad encontramos nuestra verdadera fuerza.

Esta aceptación no significa rendición. Significa coraje. Significa mirarse al espejo y reconocer no solo las cicatrices, sino también el brillo que emana de ellas. Significa transformar nuestro dolor en sabiduría, nuestras lágrimas en lecciones y nuestra historia en inspiración para otros.

En el viaje de la vida, todos llevamos nuestros pedazos rotos. Pero no estamos solos. Cada paso que damos con nuestros fragmentos es un acto de valentía y amor propio. Es una promesa a nosotros mismos de que, aunque no podemos cambiar el pasado, podemos elegir cómo vivir el presente.

Y así, con cada paso que damos, aprendemos a danzar con nuestras heridas, a cantar con nuestras cicatrices, y a vivir con el pedazo roto que nos hace quienes somos. En esta danza, encontramos la cura. No en vencer la herida, sino en caminar con ella, en hacerla parte de nuestra melodía, en encontrar armonía en nuestra historia.

Este es el arte de vivir plenamente: no negando nuestras heridas, sino honrándolas, llevándolas con dignidad y convirtiéndolas en una parte esencial de nuestro ser. Porque la cura no es ganarle a la herida, sino aprender a caminar con ese pedazo roto, sabiendo que en cada fragmento hay una historia de triunfo, de amor y de infinita belleza.

Entre susurros,
nuestros labios se tocan, sin
decir nada.

El faro

En un pueblo costero azotado por el viento y el mar, se levantaba un antiguo faro, solitario y robusto, que había guiado a navegantes por generaciones. Nadie vivía allí desde hacía años, pero cada noche, justo cuando caía el crepúsculo, la luz del faro se encendía, bañando de claridad las oscuras olas.

Sara, una joven periodista en busca de historias, llegó al pueblo intrigada por los rumores del faro. Se decía que el hombre que lo había encendido durante décadas había desaparecido sin dejar rastro, pero que su luz seguía brillando cada noche, como si un fantasma cumpliera con el deber. Sara no creía en fantasmas, pero sí en los misterios. Y algo en esa historia la atraía de una manera que no podía explicar.

Una tarde, decidió acercarse al faro, bajo la amenaza de una tormenta que se cernía sobre el horizonte. Al llegar, descubrió que, aunque las puertas estaban cerradas con candados oxidados, había señales de que alguien había estado allí. Restos de una comida reciente, huellas en la arena, y una silla de madera junto a la ventana, como si alguien hubiese estado observando el mar.

El misterio la envolvía. ¿Quién encendía la luz del faro cada noche? Y, sobre todo, ¿por qué nadie lo había visto nunca?

Decidida a descubrir la verdad, Sara regresó al pueblo y preguntó a los habitantes, pero la mayoría evitaba hablar del tema. Solo una anciana, llamada Helena, le dijo algo que despertó más su curiosidad.

—El faro —susurró la anciana— guarda más secretos de los que puedas imaginar. Pero no es solo el faro, niña. Es el corazón. A veces, lo que creemos que vemos no es más que un reflejo de lo que llevamos dentro. ¿A qué has venido en realidad?

Sara se quedó perpleja. ¿Qué podía saber esa anciana sobre sus propias dudas? Porque la verdad era que, aunque Sara buscaba una historia para contar, también estaba huyendo de algo. Un amor que nunca llegó a florecer, un vacío que no sabía cómo llenar. Había pasado su vida viajando de un lugar a otro, buscando respuestas, pero nunca encontrando la paz que anhelaba.

Esa noche, mientras la tormenta rugía afuera, Sara decidió volver al faro. El viento golpeaba con fuerza, y las olas reventaban contra las rocas, pero había algo que la empujaba a continuar. Al llegar, se sorprendió al encontrar la puerta entreabierta. Entró con cautela y subió las escaleras de caracol que llevaban hasta la cima. Allí, en la sala de la lámpara, encontró a un hombre, de pie junto a la enorme luz giratoria.

—Sabía que vendrías —dijo él, sin volverse a mirarla.

Sara, desconcertada, dio un paso adelante. El hombre tenía el rostro marcado por el tiempo, pero sus ojos reflejaban una calma profunda. No era alguien que se encontraba por casualidad.

—¿Quién eres? —preguntó Sara—. ¿Por qué sigues encendiendo este faro?

El hombre finalmente la miró y, con una sonrisa suave, respondió:

—No es el faro lo que sigo encendiendo, es la esperanza. Cada noche, enciendo esta luz para aquellos que están perdidos en la oscuridad, no solo en el mar, sino en sus propias vidas.

Sara sintió un escalofrío recorrer su cuerpo. ¿Era eso lo que ella también había estado haciendo? Buscando respuestas afuera cuando en realidad estaba perdida dentro de sí misma.

El hombre continuó:

—A veces, nos obsesionamos con los misterios que creemos ver, con las historias que nos contamos. Pero la verdadera historia está en lo que nos negamos a enfrentar. En tu caso, no es este faro lo que te trajo aquí. Es tu propio corazón. Sigues buscando algo, pero no puedes encontrarlo hasta que dejes de huir de ti misma.

Sara se quedó en silencio, sintiendo que esas palabras resonaban en lo más profundo de su ser. Había pasado tanto tiempo intentando encontrar algo fuera, sin darse cuenta de que lo que más necesitaba era enfrentarse a su propio dolor, a las decisiones que había dejado de tomar, a los sentimientos que había reprimido.

Finalmente, después de lo que pareció una eternidad, Sara preguntó:

—¿Cómo lo sabes?

El hombre sonrió de nuevo, con una mirada de comprensión infinita.

—Porque, en algún momento, todos hemos estado perdidos. Yo también lo estuve. Pero aprendí que la vida no se trata de resolver todos los misterios externos, sino de aceptar los que llevamos dentro. Cuando dejas de huir, el faro que ilumina tu camino no es otro que tú mismo.

Esa noche, mientras la tormenta continuaba rugiendo afuera, Sara decidió quedarse en el faro. No necesitaba resolver el misterio de quién era aquel hombre o por qué seguía encendiendo la luz. Había algo más importante que aprender: la verdadera paz no se encuentra en los lugares que visitamos o en las respuestas que buscamos afuera, sino en la capacidad de aceptar nuestras emociones, nuestras dudas, y enfrentar la oscuridad con la luz que llevamos dentro.

Al día siguiente, la tormenta se calmó, y el sol brilló sobre el pueblo. Sara miró una última vez hacia el faro antes de regresar al pueblo, sabiendo que la enseñanza más importante que había recibido no tenía que ver con el faro en sí, sino con el viaje que había comenzado dentro de ella.

Tu fuerza

Hay una voz dentro de ti que aún no conoces, silenciosa, pero inquebrantable.

Es la que aparece cuando todo se oscurece,
cuando el mundo parece girar en tu contra y
crees que ya no puedes más.

Es esa voz la que te ha mantenido de pie, cuando el cansancio se volvió parte de tus huesos, cuando las dudas te hablaron al oído, y el miedo quiso hacerse dueño de tu ser.

No busques fuera lo que ya habita en ti, porque la fuerza que necesitas nunca estuvo lejos. Es el eco de cada decisión que tomaste, de cada paso que diste sin ver el final.

No se trata de grandes gestos ni de conquistas épicas, se trata de lo que haces cuando nadie te observa, en esos momentos donde solo tú y el silencio comparten la misma habitación.

Esa es la esencia de tu poder: levantarte cada mañana, aunque el cuerpo te pese, apostar por ti cuando nadie más lo hace, mirar al frente cuando el camino es incierto.

No hay manuales ni recetas infalibles, solo el pulso de tu voluntad latiendo fuerte. Eres tú,
siempre has sido tú,
el motor que convierte el miedo en impulso,
el que cambia las dudas por certezas y
los días grises por cielos abiertos.

Así que sigue, sin buscar aplausos, sin esperar señales en el cielo. La fuerza no se muestra con gritos, se siente en la calma de saber que, pase lo que pase, aún tienes algo más que dar.

Un jardín

En una ciudad donde el bullicio no cesaba y el tiempo parecía ir más rápido que las personas, se encontraba un pequeño y misterioso jardín oculto entre edificios antiguos. Pocas personas conocían su existencia, y las que lo hacían hablaban de él como un lugar casi mágico, donde el tiempo se detenía y las respuestas a las preguntas más profundas del alma parecían estar escritas en las hojas de los árboles. Sofía, una joven pintora, había oído hablar de aquel jardín por casualidad, en una conversación que escuchó en una cafetería. Las palabras le quedaron grabadas: *Ese lugar esconde algo... pero solo aquellos que realmente lo necesitan pueden encontrarlo*. Sintió una extraña conexión, como si ese jardín la llamara a descubrir algo, algo más grande que ella misma.

Un día, guiada por la intuición y un deseo inexplicable, decidió ir en busca de ese lugar. Después de caminar por callejones y pasar por edificios en ruinas, lo encontró. No había cartel alguno, solo una verja de hierro oxidada cubierta por enredaderas que parecían formar parte del paisaje urbano. Al cruzar la verja, sintió como si hubiera entrado en otro mundo.

El jardín estaba lleno de flores exóticas, árboles de grandes ramas y un estanque en el centro que reflejaba el cielo con una claridad inusual. A pesar de que el sonido de la ciudad seguía allí afuera, dentro del jardín todo estaba en silencio, un silencio que no era incómodo, sino pacífico.

Sofía comenzó a ir todos los días, llevándose su cuaderno de bocetos. En ese lugar, las ideas fluían sin esfuerzo, y cada trazo que hacía parecía tener vida propia. Sin embargo, había algo que le intrigaba. Cada vez que entraba al jardín, sentía la presencia de alguien más, pero nunca lograba ver a nadie. Era como si las sombras se movieran justo cuando ella giraba la cabeza. La sensación de ser observada no era inquietante, sino curiosa.

Un atardecer, mientras pintaba junto al estanque, escuchó un susurro detrás de ella. Se giró de inmediato, y ahí, sentado en un banco bajo un árbol, estaba un hombre. Alto, con el cabello despeinado y una expresión serena en su rostro. Tenía un cuaderno en las manos y parecía estar escribiendo algo.

—Te he visto venir todos los días —dijo sin levantar la mirada del papel—. Este lugar tiene algo especial, ¿no crees?

Sofía, sorprendida por la calma con la que él se dirigía a ella, se acercó lentamente.

—Sí, es como si el tiempo no existiera aquí —respondió—. ¿Cómo lo encontraste tú?

El hombre levantó la vista, con una sonrisa enigmática.

—No lo encontré. Él me encontró a mí. A veces, los lugares que más necesitamos llegan a nosotros cuando estamos listos para descubrir algo sobre nosotros mismos.

Sofía se sentó a su lado, intrigada por sus palabras.

—¿Descubrir qué? —preguntó, sin ocultar su curiosidad.

—Depende de lo que estés buscando. Este jardín... —hizo una pausa y señaló el entorno— ... no es un lugar común. Aquí, cada persona encuentra lo que más necesita, pero no siempre es lo que espera. Para algunos, es un refugio. Para otros, un espejo. Para ti, puede ser ambas cosas.

Sofía sintió que sus palabras tocaban algo profundo en ella. Durante años, había buscado respuestas a preguntas que no sabía cómo formular. Se había sentido perdida, como si su vida no tuviera un rumbo claro. Al mirar a aquel hombre, sintió que él lo sabía, que podía ver su incertidumbre sin necesidad de decir nada.

—¿Y tú? —preguntó ella—. ¿Qué has encontrado aquí?

El hombre la miró fijamente, como si estuviera decidiendo si compartir algo importante.

—El amor —respondió finalmente—. Pero no el amor romántico, aunque eso fue parte de mi viaje. He encontrado el amor por la vida, por el presente. Y he aprendido que el amor verdadero no se trata solo de estar con alguien, sino de estar completo contigo mismo. Este jardín me ha enseñado a no buscar fuera lo que ya está dentro.

Sofía se quedó en silencio, asimilando sus palabras. Había esperado una historia más sencilla, pero lo que él decía resonaba profundamente en ella. La búsqueda de respuestas, de un propósito, de amor... todo parecía estar entrelazado con lo que él describía.

Con el tiempo, Sofía y aquel hombre, cuyo nombre era Gabriel, comenzaron a encontrarse regularmente en el jardín.

No hablaban mucho, pero cuando lo hacían las conversaciones eran profundas, casi filosóficas. Gabriel le contaba cómo había llegado al jardín después de un desamor que lo había dejado vacío, y cómo había aprendido que no podía depender de alguien más para encontrar su felicidad.

Sofía, por su parte, compartió sus propias dudas, sus miedos y su constante búsqueda de algo que ni siquiera sabía cómo nombrar. A medida que pasaban más tiempo juntos, ambos comenzaron a descubrir que, aunque sus viajes personales eran distintos, estaban conectados por un mismo deseo: encontrar paz en medio de la incertidumbre.

Una tarde, Gabriel le dijo algo que nunca olvidaría:

—El amor es como este jardín. No siempre lo encuentras cuando lo buscas, pero cuando dejas de correr, aparece. Y como las flores que ves aquí, a veces crece en los lugares más inesperados. No puedes forzarlo, no puedes apresurarlo. Solo puedes cuidarlo cuando llegue.

Con esas palabras, Sofía entendió algo importante. Todo lo que había estado buscando afuera, ya estaba dentro de ella. El jardín, con su silencio y su paz, le había mostrado que la vida no se trataba de encontrar respuestas definitivas, sino de aprender a estar en paz con las preguntas.

Sin embargo, había una última intriga. Un día, Gabriel dejó de aparecer en el jardín. Sofía lo esperó durante semanas, pero nunca volvió a verlo. Fue entonces cuando entendió que el verdadero misterio no era quién era Gabriel o por qué había desaparecido, sino lo que él le había enseñado.

El jardín seguía allí, pero Sofía ya no necesitaba respuestas. Había aprendido a encontrar la paz en su propio viaje, sabiendo que, a veces, los encuentros más significativos no duran para siempre, pero dejan una huella imborrable en el alma.

Normal

La palabra «normal» siempre me asusta,
es una jaula dorada que encierra lo que
no se atreve a ser.
Un límite trazado con líneas rectas
donde lo distinto se ahoga, donde el
alma se pliega para encajar en un
molde que nunca fue suyo.
«Normal» suena a silencio, a una
calma falsa que oculta el caos donde
nacen los sueños más libres.
Es una sombra que me sigue, un eco
que me pide ser menos, cuando todo
en mí grita por ser más.
Me asusta esa palabra que no deja
espacio para el error, para la risa
inesperada, para los caminos
torcidos donde encuentro la vida
que nunca habría imaginado.

No quiero ser «normal», no
quiero ese traje sin color,
prefiero volar por los bordes,
tropezar con lo incierto, y
vivir con la certeza de que ser
diferente es lo único que me
salva.

Café caliente, el sol
asoma lento,
despierta el día.

Escarbar

Escarbo en mi interior, como un arqueólogo en busca de un tesoro perdido, para encontrar la melancolía con la que crecí. Cada capa de mi ser es como la tierra removida, revelando fragmentos de recuerdos, ecos de emociones que se han sedimentado con el tiempo.

Me adentro en mi propio laberinto, un entramado de sentimientos y pensamientos, como si estuviera descendiendo a una mina de gemas preciosas, cada una pulida por los años. La melancolía que busco es una gema especial, escondida en lo más profundo, y cada palada de introspección me acerca más a ella.

Es como si mi corazón fuera un baúl antiguo, cerrado y cubierto de polvo, y yo, con cada reflexión, girara lentamente la llave en la cerradura oxidada. Abro el baúl y me encuentro con viejas fotografías mentales, momentos congelados en el tiempo, impregnados de una tristeza dulce, casi reconfortante.

Exploro mi alma como un navegante en un mar desconocido, cada ola de pensamiento me lleva más adentro, hacia islas de nostalgia. Allí, encuentro la melancolía enredada en las raíces de mi ser, como una planta que ha crecido con el paso de los años, alimentada por lágrimas y sonrisas perdidas.

Cada sentimiento encontrado es una nota en una

melodía olvidada, una canción que resonaba en mi juventud y que ahora vuelvo a escuchar con oídos más sabios. La melancolía es el hilo conductor de esta sinfonía, una música suave y persistente que me recuerda de dónde vengo y quién soy.

Escarbo y escarbo, y a veces me detengo, sorprendida por la intensidad de lo que encuentro. Es como si estuviera desenterrando una ciudad antigua, cada rincón y cada callejón revelando más de mi historia, de mi esencia. La melancolía está allí, en cada piedra, en cada grieta, en cada sombra que se proyecta en las paredes de mi mente.

En mi búsqueda, descubro que la melancolía no es solo tristeza. Es una mezcla de añoranza y aceptación, un reconocimiento de las partes de mí que han sido moldeadas por el tiempo y la experiencia. Es como encontrar una pintura vieja en el ático, los colores desvaídos pero llenos de significado, cada pincelada contando una historia.

Cada vez que escarbo más profundo, me acerco a una verdad esencial. La melancolía es la compañera silenciosa de mi crecimiento, la sombra que siempre ha estado allí, siguiendo cada paso, cada decisión. No es un peso que llevo, sino una parte integral de mi identidad, una constante que me ha ayudado a formar la persona que soy hoy.

Y así, continúo escarbando, sabiendo que cada descubrimiento me acerca más a mí misma. La melancolía con la que crecí es una joya escondida, brillante y única, y en cada rincón de mi ser, encuentro fragmentos de su luz, reflejando la profundidad y la belleza de mi viaje interior.

Pensamientos o emociones

Los pensamientos nunca son honestos, se enredan en laberintos de dudas, se disfrazan de certezas, pero, en el fondo, siempre ocultan algo. Son espejos rotos, reflejando verdades a medias, jugando con la razón como si fuera un acertijo sin fin. Las emociones, en cambio, son sinceras en su desnudez. No buscan lógica ni palabras, simplemente arden, se desploman, surgen como un torrente imparable que no entiende de filtros ni barreras. Son gritos en el pecho, lágrimas que no mienten, gestos que dicen más que cualquier pensamiento hilado.

Es en el latido, en ese pulso que no finge, donde se encuentra la verdad más cruda, la verdad que no se debate ni explica, solo se siente… y se vive.

Otra

Hago planes como si fuera otra, trazo
líneas que no me pertenecen, dibujo
un futuro que no es para mis manos
cansadas.

Hago promesas en voz alta como si esa
voz fuera ajena, como si los pasos que
sigo fueran de alguien que aún no
conozco.

Lo hago para otra, para la que no tiembla,
para la que sonríe en medio de la tormenta y
no se asusta del viento.

Es ella quien habita en esos
sueños que invento, la que
no duda, la que camina firme
sin mirar hacia atrás.

Y yo la observo, como una
sombra que la sigue, deseando
ser esa mujer que vive en los
planes que no me atrevo a
cumplir.

Lo hago para ella, con la
esperanza de que un día, al
despertar, sea yo quien
habite su piel.

Laberinto de espejos

En una ciudad olvidada por el tiempo, existía un antiguo laberinto, oculto entre las colinas. Este laberinto no era común; no estaba hecho de paredes de piedra ni de enredaderas que se alzaban hacia el cielo. No, este laberinto estaba hecho de espejos, cada uno reflejando un camino diferente, una posibilidad distinta, una verdad oculta. Se decía que aquellos que entraban en él nunca salían siendo los mismos.

Lucía había oído hablar del laberinto desde niña, historias de viajeros que se habían perdido en sus reflejos, buscando respuestas a preguntas que aún no sabían formular. Ahora, en sus veinte, se encontraba ante la entrada, atraída por una inquietud que no podía ignorar. Había algo en su vida que siempre había sentido fuera de lugar, como si buscara algo sin saber qué era. Decidida a encontrarlo, dio un paso hacia dentro.

El primer espejo que encontró era grande y claro, reflejando su imagen con una nitidez que la hizo sentir incómoda. Se vio a sí misma como la veían los demás: una joven fuerte y decidida, pero con una sombra de tristeza en sus ojos. Al tocar el espejo, una voz suave resonó en su mente:

—La vida, Lucía, es un reflejo de lo que piensas. ¿Qué ves cuando te miras a ti misma?

Lucía retrocedió, sorprendida por la pregunta.

Era cierto que, a menudo, se sentía atrapada en sus propios pensamientos, limitada por sus dudas y miedos. Pero ¿cómo podría cambiar eso?

Avanzó por el laberinto, cada espejo mostrando un aspecto diferente de su vida. En uno, vio a su familia, lazos que la sostenían pero que también la ataban. En otro, sus amistades, algunas sinceras, otras superficiales. En otro más, sus sueños, algunos cumplidos, otros abandonados por el camino. Cada reflejo la obligaba a confrontar una parte de sí misma que había preferido ignorar.

Finalmente, llegó a un espejo más pequeño, casi oculto entre los demás. Este espejo no reflejaba su apariencia externa, sino su interior. Lucía vio sus deseos más profundos, sus miedos más oscuros, y su capacidad de amar, un amor que había ocultado por miedo a ser herida.

La voz suave volvió a resonar:

—El amor, Lucía, no es simplemente un sentimiento; es una elección, una decisión de compartir tu vida con alguien, de abrir tu corazón y ser vulnerable. Pero también es un reflejo de cómo te amas a ti misma. ¿Cómo puedes esperar ser amada plenamente si no te aceptas por completo?

Lucía sintió una oleada de comprensión. Había pasado tanto tiempo buscando amor y aceptación en otros, sin darse cuenta de que primero debía encontrarlos en sí misma. Se quedó frente a ese espejo durante lo que parecieron horas, viendo cómo cambiaba su reflejo a medida que se aceptaba, con todas sus imperfecciones y fortalezas.

Cuando por fin se alejó, se encontró en el centro del laberinto, donde un último espejo la esperaba. Este espejo era diferente a los demás; su superficie era opaca, como si ocultara algo. Lucía se acercó, y al tocarlo, la opacidad se desvaneció, revelando no su reflejo, sino un camino que salía del laberinto, bañado en luz.

La voz suave habló por última vez:

—Las relaciones, Lucía, son como este laberinto. Reflejan quiénes somos, nos desafían a confrontar nuestras sombras y, a veces, nos pierden en sus complejidades. Pero, al final, siempre hay una salida, una claridad que solo se alcanza cuando te conoces a ti misma y aceptas que el amor y la vida son un viaje, no un destino.

Lucía sonrió, comprendiendo al fin lo que había estado buscando. No se trataba de encontrar respuestas fuera de ella, sino de descubrirse a sí misma dentro del laberinto de sus pensamientos, de sus relaciones, de su vida. Con renovada determinación, siguió el camino iluminado y salió del laberinto, no como la persona que había entrado, sino como alguien más completa, más consciente de sí misma y de su capacidad para amar.

Desde ese día, Lucía vivió su vida con una nueva perspectiva. Sabía que la vida era un laberinto lleno de espejos, pero ahora entendía que cada reflejo era una oportunidad para aprender, crecer y amar más profundamente. Y así, se convirtió en una mujer que no solo encontró su camino, sino que también ayudó a otros a encontrar el suyo, guiándolos con la sabiduría que había ganado.

Así como Lucía en el Laberinto de los Espejos, todos enfrentamos nuestros propios reflejos y desafíos en la vida. Lo importante no es encontrar todas las respuestas de inmediato, sino aprender a conocernos y aceptarnos tal como somos. Recuerda que cada obstáculo es una oportunidad para crecer y que la verdadera claridad viene de entendernos a nosotros mismos.

Ya se te pasará

Estoy cansada de escuchar «ya se te
pasará», como si este peso invisible
fuera solo una nube pasajera, como
si el vacío en mi pecho fuera un
capricho, y no este monstruo que
me devora despacio, día tras día.

Dicen que es cuestión de tiempo,
que toda mejora, «Anímate»,
dicen, como si el ánimo fuera una
llave que pudiera abrir esta jaula
en la que estoy atrapado.

«Piensa en lo bueno», como si no
lo hubiera intentado, como si mis
pensamientos no fueran cuchillas
que no puedo detener.

Estoy harto de ser una molestia,
de pedir auxilio y recibir siempre
esas mismas palabras huecas.

Esas frases que me dejan más solo,
más atrapado, como si todo lo que
siento fuera un error, una
exageración que no merece su
atención.

No, no se me va a pasar, porque
esto no es una tormenta que el
tiempo se lleva, esto es un peso
en el alma que no me deja
levantarme.

Y mientras sigan ignorando, mientras
sigan creyendo que es fácil, seguiré
cayendo en este abismo donde sus
palabras no alcanzan, donde su «ya se te
pasará» solo me hunde más.

«Ve al psicólogo», me dicen, como si
fuera una receta mágica, como si el
simple hecho de hablar pudiera
arrancarme las raíces que me
ahogan, como si con una consulta
se desataran los nudos que llevo
apretando en el alma desde hace
tanto tiempo.

«Todo está en tu cabeza», dicen, como
si yo no lo supiera, como si no pasara
noches enteras tratando de entender
cómo apagar este ruido que no cesa,
cómo silenciar los gritos que nadie
más escucha.

Estoy harta de ser invisible, de pedir ayuda y recibir siempre esas mismas frases vacías. Esas palabras que no entienden lo que es vivir con una sombra que no te deja en paz, como si todo lo que siento fuera algo que se elige y no un peso que me aplasta cada día.

No, no se trata de ser más positivo, porque esto no es cuestión de enfoque, es un laberinto sin salida donde la luz que me piden encontrar ni siquiera existe.

Y mientras sigan diciéndome que todo depende de mí, seguiré cayendo en este abismo donde sus palabras no alcanzan, donde su «tienes que ser más positivo» solo me hunde más.

Bondad

Ser una buena persona es una decisión profunda y personal, un compromiso con uno mismo y con el mundo que nos rodea. Es una elección que no necesita aprobación externa ni un reconocimiento constante para ser válida. En un mundo que a menudo valora las apariencias y la validación, existe una belleza única en actuar con bondad sin la necesidad de exhibirlo.

La verdadera bondad no necesita un reflector. Es como un río que fluye silenciosamente, nutriendo todo a su paso sin reclamar atención. Cuando elegimos ser buenos, lo hacemos desde un lugar de autenticidad y amor propio, no por la admiración o la aprobación de los demás. Es una expresión de nuestra esencia, un reflejo de nuestros valores y principios más profundos.

Hay un poder inmenso en las acciones que no se ven, en las palabras de aliento que se susurran, en los gestos amables que se hacen sin esperar nada a cambio. Estas son las semillas de la bondad que, al ser plantadas, florecen en los corazones de los demás, creando un impacto que va más allá de lo que podamos imaginar.

En la vida, no se trata de acumular aplausos ni de adornarnos con las etiquetas de los demás. Se trata de ser fieles a nosotros mismos, de vivir de acuerdo con nuestras convicciones y de hacer lo correcto, incluso cuando nadie está mirando. Esa es la esencia de la bondad genuina.

Al no buscar la aprobación constante, liberamos nuestra energía para enfocarla en lo que realmente importa: hacer el bien por el bien mismo. Esto nos permite conectarnos de manera más profunda con las personas y las situaciones que nos rodean, ya que nuestras acciones no están contaminadas por la necesidad de reconocimiento.

La discreción en nuestra bondad también nos protege. Nos ayuda a evitar caer en el egoísmo disfrazado de altruismo, en la trampa de hacer el bien solo por la recompensa social o personal. Nos recuerda que la verdadera satisfacción viene de saber que hemos hecho una diferencia, por pequeña que sea, en el mundo.

Así que sé una buena persona. Hazlo en silencio, con humildad y con un corazón abierto. Deja que tus acciones hablen por ti, que tu vida sea el testimonio de tus valores. No pierdas el tiempo tratando de demostrar tu bondad; simplemente sé bondadoso, y el mundo será testigo de tu luz, incluso en los momentos más oscuros.

Caos

Hoy me despierto en medio
del caos, con la mente hecha
un nudo que no sé desatar.

Es un laberinto sin salida,
un eco constante que no
me deja respirar.

Hay días en que el cuerpo pesa, como si
llevara encima todos los silencios que nunca
dije, todos los miedos que escondí bajo la
piel.

Y aquí estoy, luchando
con una sombra que
siempre me sigue.

A veces me pierdo en
pensamientos que no
tienen nombre, en
tormentas que nacen
de la nada y me
arrastran hasta lo más
hondo.

Y por más que nado, el aire
parece lejano, como si la vida
fuera un sueño que solo miro
desde afuera.

Pero sé que sigo aquí, aunque las
grietas se abran, aunque a veces me
cueste recordar cómo se siente estar
entero.

Cada día es un paso, a veces
firme, a veces tembloroso, pero
es un paso, al fin y al cabo.

Y mientras tanto, aunque el ruido
siga, aunque las sombras no se
vayan, seguiré buscando la luz que
en algún lugar todavía me espera.

Papeles ganando piedras

Ese juego lo tuvo que inventar un poeta, pensé mientras observaba cómo las hojas de un libro se deslizaban suavemente sobre la mesa, cubriendo un par de piedras pequeñas que alguien había dejado ahí. Era curioso, casi irónico, cómo algo tan frágil y delicado como el papel podía, en ese simple juego, vencer a la dureza y resistencia de la piedra. Me pareció un reflejo poético de la vida misma.

En la realidad, ¿cuántas veces hemos visto palabras, esas que se escriben en papeles, cambiar el curso de una vida, desmoronar muros y construir sueños? La piedra, por más fuerte que sea, es inamovible, rígida; pero el papel, con su ligereza, tiene la capacidad de viajar, de llevar ideas, de transformar corazones. Un papel puede contener una carta de amor que desarma el corazón más duro, o un poema que, con cada verso, erosiona lentamente la dureza de una vida marcada por el dolor. Y es que, a veces, en el juego de la vida, lo frágil vence a lo fuerte, lo suave a lo duro, lo intangible a lo concreto. Las piedras pueden ser poderosas, pero un papel, con sus palabras, con sus historias, con su promesa de algo más grande, tiene la fuerza de cambiar el mundo. Es un recordatorio de que no siempre gana el más fuerte, sino aquel que puede tocar el alma.

Quizá el poeta que inventó ese juego sabía que, en el fondo, la poesía, como el papel, siempre encontraría la manera de ganar, de prevalecer, incluso frente a las piedras más duras. Porque, al final, lo que realmente importa no es la fuerza, sino la capacidad de tocar corazones, de cambiar mentes, de dejar una marca indeleble en el tiempo. Y eso, sin duda, es el poder de un papel.

Tormenta

La vida no se trata de sobrevivir una tormenta, sino de bailar bajo la lluvia.

Lo aprendí una tarde de otoño, cuando el cielo se oscureció de repente y las primeras gotas empezaron a caer. La mayoría de las personas corrieron a buscar refugio, protegiéndose de lo que parecía una inevitable tormenta. Pero, en medio de todo ese caos, vi a una niña pequeña que se detuvo, miró hacia arriba y sonrió. Con una risa contagiosa, comenzó a girar, sus brazos extendidos hacia el cielo, como si el agua que caía del cielo fuera una bendición y no una amenaza.

La imagen me quedó grabada, esa pequeña figura danzando en medio de la lluvia, indiferente a la idea de mojarse, de ensuciarse o de enfrentarse a la tormenta que se avecinaba. Para ella, la lluvia no era un obstáculo, sino una oportunidad. Una oportunidad de sentir, de vivir, de disfrutar cada gota que tocaba su piel.

Y ahí, bajo la lluvia, comprendí algo que las palabras nunca podrían explicar del todo: la vida no se trata solo de soportar los momentos difíciles, de aguantar hasta que pase la tormenta, sino de encontrar la belleza, la alegría, incluso en medio de la adversidad. Se trata de bailar bajo la lluvia, de abrazar lo que venga con el corazón abierto, de no esperar a que el sol vuelva a salir para ser feliz.

Porque, al final, las tormentas siempre pasarán, pero los recuerdos de los momentos en los que elegimos bailar bajo la lluvia, esos son los que realmente nos hacen sentir vivos. Esos son los momentos en los que, a pesar de todo, elegimos sonreír, reír, amar y vivir plenamente, sin importar lo que el cielo decida hacer.

Así que, cuando las nubes se reúnan y el trueno retumbe en la distancia, recuerda que no estás aquí solo para sobrevivir, sino para vivir con todo tu ser. Y si alguna vez te encuentras en medio de una tormenta, no dudes en bailar. Porque esa es la verdadera esencia de la vida.

Abrazarte salvajemente

Quiero abrazarte salvajemente. Besarte hasta que
te alejes de mi miedo como se aleja un pájaro del
borde filoso de la noche.
    ¿Cómo decírtelo?
    Mi silencio es mi máscara.
    Mi dolor es el de una niña en la noche.
    Te amo y tengo miedo,
y nunca lo diré en voz alta.

El anhelo de tenerte entre mis
brazos, de sentir tu calidez y tu
presencia, es una fuerza arrolladora
que me consume día y noche.

Sueño con el momento
en que nuestros cuerpos se
encuentren y, en ese abrazo feroz,
todos mis temores se disipen.

Tus labios son un refugio que deseo con
desesperación, un lugar donde quiero perderme
hasta que mis miedos se desvanezcan por
completo.

A menudo, me encuentro contemplando las
sombras, aquellas que reflejan mis dudas y
temores. En esos momentos, la imagen de un

pájaro volando lejos del filo de la noche me da esperanza.

Quiero que mis besos sean tan poderosos, tan llenos de amor y pasión, que te sientas libre de todo lo que te atormenta, que vueles lejos de mis inseguridades y te refugies en la seguridad de nuestro amor.
Pero
¿cómo puedo expresarte todo esto? Las
palabras se me escapan, se ocultan
detrás de un muro de silencio.

Ese silencio es mi máscara, una barrera que me
protege y, al mismo tiempo, me impide
alcanzar la plenitud de nuestro amor.

Es mi refugio, pero también mi
prisión. Detrás de esa máscara, mi
corazón
        grita,
        anhela,
        sufre.
Mi dolor es el de una niña perdida en la inmensidad de la noche, una niña que teme lo desconocido, que siente el frío y la soledad.

Esa niña vive dentro de mí, y su miedo se manifiesta en mi incapacidad para expresar lo que realmente siento.

Te amo con una intensidad que me asusta, y
ese amor se mezcla con el miedo, creando un
torbellino de emociones que me deja paralizada.
Cada vez que estás cerca, mi corazón late con una
fuerza descontrolada, una mezcla de alegría y
temor.

Quiero gritar al mundo cuánto te amo, pero las
palabras se ahogan en mi garganta.

Ese miedo de perderte, de ser vulnerable, de
mostrarme tal como soy, me mantiene en silencio.

A veces,
me pregunto si notas mis silencios,
si te das cuenta de que detrás de cada mirada hay
un mar de sentimientos no expresados.

Quisiera que mis ojos pudieran hablar por mí,
que en cada caricia sintieras la profundidad de mi
amor, la desesperación de mi miedo.

Quiero que entiendas que mi silencio no es
indiferencia, sino una lucha constante entre el
amor y el miedo.
En mis sueños,
veo un futuro donde puedo abrazarte sin
reservas, donde mis besos son libres y seguros,
donde el miedo no tiene lugar.

En ese futuro,
mi amor por ti brilla con toda su
intensidad, sin sombras ni dudas. Pero,
por ahora,
mi realidad es esta mezcla de amor y temor, de
deseo y silencio.

Te amo con cada fibra de mi ser, y ese amor es
tan inmenso que a veces me ahoga. No puedo
gritarlo a los cuatro vientos, no puedo decirlo en
voz alta, pero cada latido de mi corazón lleva tu
nombre.

Quiero que sepas que, aunque mi
boca permanezca cerrada, mi amor
por ti es infinito,
y mi miedo es solo una sombra que algún día,
espero, se desvanecerá.

Hasta entonces, viviré
con esta dualidad, con este amor
que me llena y este miedo
que me paraliza.

Y aunque nunca lo diga en voz
alta, quiero que sepas que te
amo más allá
de lo que las palabras pueden expresar.

Quizá

Quizá el amor sea esto, acariciar la
fragilidad del otro y no culparla, ver
sus grietas y no huir, sino quedarte
allí, en el hueco donde la luz se filtra
y lo imperfecto se vuelve hermoso.

Amar es tocar lo roto con
manos suaves, entender que
todos llevamos algo que nos
pesa, que la piel a veces se
quiebra y el corazón se agrieta
como cristal bajo el sol.

Es no culpar al miedo, ni a las heridas
que aún no sanan, sino abrazarlas,
saber que en la vulnerabilidad también
hay fuerza, y que quien te muestra sus
cicatrices te está entregando lo más
humano que tiene.

Amar es sostener lo que
otros dejarían caer, es
acariciar esas partes que el
mundo ignora,
y, en lugar de pedir perfección, besar
lo frágil
como si fuera lo más sagrado.

Magia

Me mostraste tu magia, hiciste que el mundo
brillara en su contexto.

Con un susurro sutil, despertaste el
encanto en mi alma febril.

Ahora,
¿cómo quieres que no te pida más trucos? Si
contigo el tiempo se quiebra en mil rumbos, y la
realidad se torna pura fantasía y cada momento
contigo se convierte en poesía.

Vi el universo en ti, y los
secretos de la vida.
Me mostraste un mundo lleno de misterio,
sin tu magia, nada tiene sentido.

Abriste puertas a sueños sin fin, donde
cada segundo era un dulce jardín. Me
hiciste volar, creer en lo imposible, y ahora
pido más, con un corazón insaciable.

Como un pintor de cielos,
con pincel invisible,
dibujaste mi mundo, lo
hiciste tangible.

Ahora, cada noche, cada
día en calma, busco más
de tu magia, soy
insaciable.

¿Cómo conformarme con la normalidad, si has
despertado en mí una inmensa curiosidad? He visto
la magia en su forma más pura, y ahora busco más,
ansío la aventura.

En las cosas pequeñas, en los
momentos efímeros, en las
vidas humildes, vi tus
destellos.

En tu ausencia, me
pierdo en el deseo, de
volver a ver la magia, de
sentir el sortilegio.

Cada truco tuyo era un verso, una
melodía, una danza de luz en la sombra
del día.

Ahora mi corazón clama por más ilusiones,
por más momentos mágicos, por más
emociones.

Muéstrame de nuevo tus trucos, llévame otra
vez a ese mundo sin enfados, donde la realidad
y la fantasía se encuentran, y cada instante
contigo es una maravilla.

No me dejes en este mundo sin encanto,
sin la luz que trajiste con tu manto. Quiero
más magia, más sueños, más
amor, pues ahora que conozco la magia no
puedo evitar desearla con clamor.

¿Qué más quieres?

Imagínate un verano sin fin, donde cada día es una nueva aventura. Paseos al atardecer con el mar como telón de fondo, mientras el sol se despide pintando el cielo con tonos de fuego. Cada paso, cada risa compartida, cada mirada cómplice, construyendo recuerdos que se grabarán en nuestra memoria para siempre.

En las mañanas, nos despertaremos con la luz del sol filtrándose por las cortinas, prometiendo un día lleno de posibilidades. Prepararemos desayunos juntos, riendo por cualquier tontería, disfrutando de la simple compañía. No habrá prisa, solo el placer de estar aquí y ahora, en este momento que es solo nuestro.

Exploraremos nuevos lugares, descubriendo rincones escondidos y secretos que solo nosotros conoceremos. Nuestras manos entrelazadas serán la conexión que nos ancle al presente, recordándonos que estamos juntos en este viaje. No importará dónde estemos, porque el verdadero destino será siempre estar al lado del otro.

Por las noches, bajo el manto de estrellas, nos perderemos en conversaciones interminables. Hablar de sueños, miedos, esperanzas y anhelos, mientras el mundo se reduce a la intimidad de nuestras palabras. Compartiremos silencios cómodos, donde no se necesita decir nada para entenderlo todo.

Nos cuidaremos en los días grises, cuando la vida nos ponga a prueba. Seremos el refugio del otro, la calma en medio de la tormenta. Con cada gesto de cariño, con cada abrazo reconfortante, construiremos una fortaleza de amor y confianza.

Nos reiremos de las pequeñas cosas, disfrutaremos de los momentos simples, y celebraremos nuestras victorias, por pequeñas que sean. La vida será una serie de instantes compartidos, una colección de momentos que, juntos, formarán la historia de nosotros.

Así que ¿qué más quieres? Cuando podemos reírnos hasta que nos duelan las mejillas, cuando podemos sentir el amor en cada mirada, en cada caricia. Porque en este viaje juntos lo tenemos todo. Nos lo vamos a pasar bien y también nos vamos a querer. Esa es la promesa y el regalo que nos damos el uno al otro. Y en ese amor, encontraremos todo lo que necesitamos.

Acariciar miedos

Ojalá acaricies
mis miedos
como haces
con mi piel.

Quería que él pudiera llegar más allá de su piel, más allá de los gestos superficiales, y tocara las partes más vulnerables de su ser. Esos rincones oscuros donde habitaban sus miedos, sus inseguridades, sus dudas. Esos lugares que rara vez mostraba, por miedo a que fueran incomprendidos o, peor aún, rechazados.

Cada vez que sus manos rozaban su vientre, sentía una conexión más allá de lo físico. Era como si, por un breve instante, el mundo exterior se desvaneciera, dejando solo la calidez de su tacto y el latido de su propio corazón. En esos momentos, podía imaginar que sus miedos también eran acariciados, que esos fantasmas que la perseguían desde hace tanto tiempo podían ser desvanecidos con la misma ternura con la que él la tocaba.

No se trataba solo de desear consuelo, se trataba de querer ser vista y aceptada por completo. Quería que él entendiera que sus miedos no eran monstruos que necesitaban ser vencidos, sino partes de su ser que necesitaban ser comprendidas, sostenidas, acariciadas con la misma delicadeza con la que él recorría su cuerpo.

Quería que él supiera que detrás de cada sonrisa, detrás de cada risa compartida, había miedos que a veces la hacían sentir pequeña e indefensa. Miedos que se desvanecían, aunque fuera por un momento, cuando él la tocaba con esa mezcla de amor y paciencia.

Ojalá él pudiera acariciar sus miedos con la misma devoción, con la misma suavidad, con la misma certeza de que, al hacerlo, estaba ayudándola a sanar, a ser más fuerte, a ser más ella misma.

Así, mientras él la acariciaba, cerraba los ojos y permitía que la calma la envolviera, sabiendo que, aunque sus miedos no desaparecieran del todo, al menos tenían un lugar seguro donde descansar. Y en ese espacio, entre sus manos y su corazón, encontraba la fuerza para seguir adelante, confiando en que sus miedos, al igual que su cuerpo, serían amados y aceptados por quien la conocía más allá de las apariencias.

En las noches más oscuras, cuando el silencio se apodera de todo y las sombras parecen crecer en cada rincón, es cuando mis miedos despiertan. Son como fantasmas que se deslizan entre los pensamientos, susurrando dudas, sembrando inquietudes. Es en esos momentos cuando me siento más vulnerable, cuando las inseguridades se arremolinan en mi pecho y el aire se vuelve pesado, casi irrespirable.

A veces, me encuentro mirando al techo, incapaz de dormir, mientras mi mente recorre todos los «¿y si...?» que he acumulado a lo largo de los años. Esos miedos que guardo tan bien durante el día, que mantengo escondidos detrás de sonrisas y palabras tranquilizadoras, se escapan de su jaula en la soledad de la noche.

Pero, entonces, tu mano me encuentra en la oscuridad. Es un gesto tan simple, tan cotidiano, y sin embargo en ese instante lo cambia todo. Tu mano, que tan suavemente acaricia mi vientre, encuentra su camino hasta mi corazón. Siento el calor de tu piel contra la mía, un ancla que me devuelve a la realidad, a lo tangible, a lo seguro. Es como si, con cada caricia, disiparas esos fantasmas, como si tus dedos pudieran tocar los miedos que me atenazan y deshacerlos, uno por uno.

Quisiera poder decirte lo mucho que eso significa para mí. Que no es solo el gesto físico, sino lo que simboliza: la promesa de que, aunque mis miedos sean grandes, tú estarás ahí, dispuesto a enfrentarlos conmigo. A veces me pregunto si lo sabes, si entiendes que cuando tus manos recorren mi piel no solo alivian el cansancio del día, sino también las heridas invisibles que cargo en el alma.

Ojalá acaricies mis miedos como haces con mi vientre, con esa ternura infinita que parece capaz de sanar cualquier dolor. Porque cuando lo haces el mundo se siente menos amenazante, y mis miedos, por un momento, se vuelven más pequeños, más manejables. No desaparecen, pero se transforman en algo que, junto a ti, puedo afrontar.

Y así, en la quietud de la noche, mientras tus manos siguen trazando caminos de calma sobre mi piel, me doy cuenta de que no estoy sola en esta lucha. Que, aunque mis miedos intenten atraparme, siempre tendré tu abrazo, tu tacto, tu amor, que es capaz de convertir el más oscuro de los miedos en un simple susurro, en algo que puedo mirar de frente, sin temor.

Me elijo

Si me dan a elegir,
me elijo sin duda, con cada paso
incierto, con cada caída
cruda, me quedo con mis
manos que han sabido
sanar las heridas
profundas que aprendía
cuidar.

Me quedo con mi risa,
que vuelve a brillar, tras la
tormenta oscura, tras
tanto esperar; me quedo
con mi calma, la que supe
crear, entre todo el caos,
entre tanto dudar.

Y aunque te quiera,
aunque me llene de ti,
siempre, primero, me
elijo a mí.

Me gustas

Me gustas, pero no de forma sencilla, no
como el aroma del café al amanecer, ni
como el eco suave de una melodía.

Me gustas con un caos que no sabe de horarios, con la
urgencia de un niño en su recreo, y la pasión que un
revolucionario guarda por su lucha.

Eres la chispa que incendia mi calma, el
desorden que mi alma ansía, porque entre tus
versos sin rima encuentro la libertad que
tanto he buscado.

Me gustas, profundo y salvaje,
como el viento que no pide
permiso para volar.

Me gustas, pero no de la forma en que se gusta
la rutina, no con la calma de un libro entre las
manos ni el susurro de un buen vino en la
boca.

Me gustas, como el caos a lo
inesperado, como el viento que no
pide permiso, impuntual, salvaje y
profundo.

Eres esa tormenta que anhelo, un desorden que despierta mi alma, y en cada encuentro, me gusta perderme en ti.

Cuéntame

Sigue contándome,
aunque no entienda tus palabras,
si supieras lo que me cuentan tus ojos cansados, tus ojeras
profundas y esos suspiros que esconden verdades.

No importa el lenguaje técnico que usas,
ni las cifras, ni el trabajo, me
basta el ritmo de tus labios, el
brillo en tu mirada.

Es mi ritual favorito, observar cómo se
achinan tus ojos, cómo tus manos hablan
sin darte cuenta.

Me quedaría a vivir en este instante,
donde solo existes tú,
y el silencio que llena los espacios entre
tus palabras.

Dos

Dedicado a mis abuelos

Éramos dos, en un mundo hecho de silencios, donde el tiempo se detenía en cada mirada. Tú, la primavera en medio de inviernos, un árbol arraigado en tus sonrisas.

Te he visto bailar bajo lluvia de estrellas, que no se apaga, ni siquiera en la ausencia. He abrazado tus espinas, sabiendo que el dolor era parte del regalo.

Ahora, sin ti, el cielo es diferente, pero tu esencia me guía, como la aurora que ilumina las noches más largas, amor que no muere, sino que se transforma en eternidad.

Libre

Quería ser libre contigo, desatar el
viento en tu piel, recorrer tus paisajes
ocultos como quien explora un mundo
nuevo, sin prisa, solo tiempo y deseo.

Tus fronteras no son límites, son
caminos que invitan a perderse, y las
yemas de mis dedos, navegantes, siguen
el rastro de tu esencia desde tus labios
hasta tus sueños.

Dormir en el hueco de tu pecho, como un
náufrago que encuentra refugio, y en esa
quietud infinita descubrir que la libertad no
es huir,
sino quedarse...

siempre a tu lado.

Mírame

Mírame, llegando antes de tiempo a tu vida, cuando aún no tienes claro ni quién soy ni qué hago aquí. Tus idas y venidas son un misterio, como las mías, como mis llamadas de atención.

Mírame, actuando como cuando era una cría, todo por un ratito de tu interés. Venga, va, mírame. Yo, que siempre he sido de pasar página, de ir de dura, de esconder mis sentimientos tras una máscara de indiferencia, contigo eso no funciona. Contigo, hace tiempo que no me sale.

¿Qué tendrá esa sonrisa que me engancha? Y en ella veo reflejada una parte de mí que desconocía.

Y yo, que siempre he sido de llegar tarde, mírame ahora, llegando antes de tiempo, como si yo pudiera decidir cuándo se cruzan dos almas, como si tuviera control sobre el destino y sus caprichos.

Mírame, rompiendo mis propias reglas, vulnerable, expuesta, tratando de entender por qué contigo es diferente.

He sido una maestra en cerrar puertas, en dejar atrás lo que no sirve, pero contigo cada intento de alejarme se convierte en un paso más cerca de ti.

¿Qué hechizo han lanzado tus ojos sobre mí? ¿Qué magia esconden tus palabras que hacen que mis muros se desmoronen, que mis defensas caigan?

Mírame, luchando contra mis propios fantasmas, contra ese miedo a sentir, a ser herida, a ser vista.

He sido de las que huyen antes de que las atrapen, pero contigo quiero ser capturada, quiero ser parte de esa historia que aún no hemos escrito.

Mírame, aquí y ahora, llegando antes de tiempo, sí, pero con el corazón en la mano, esperando que lo tomes, que lo guardes.

He llegado antes de tiempo a tu vida, porque quizás, en algún lugar del universo, nuestras almas ya se conocían, ya sabían que este encuentro era inevitable, que este cruce de caminos estaba escrito en las estrellas.

Mírame, queriendo ser parte de tu historia, sin juegos, sin máscaras, solo yo, desnuda en alma y corazón, esperando que tú también me mires, y en ese mirar encuentres lo que siempre hemos estado buscando.

Mírame, llegando antes de tiempo, porque quizás este es el momento perfecto, el instante preciso en que dos almas deciden encontrarse, sin miedos, sin dudas, solo con el deseo de ser, de amar, de vivir.

Te robo esa sonrisa

Que te voy a robar la risa entre besos
clandestinos, donde el aire se hace corto
y el mundo queda lejos, donde las
palabras sobran y solo queda el susurro
del deseo. Voy a robarte esa risa como
quien se adueña del tiempo, sin prisa,
sin pausa, dejando que la piel sea el
único idioma, y el silencio, la promesa de
un instante eterno.

Que te voy a robar la risa, con los
labios encendidos, con el alma
abierta a ese abismo de caricias
donde siempre nos encontramos, y
nos perdemos, como dos amantes
que juegan a detener el universo
con un simple beso.

Escrituras

Firmé las escrituras de mi cuerpo a tu nombre
antes de que supieras de mí, como quien entrega
su tierra sin conocer al sol, sin saber del agua ni
del viento.

Trazaba tus iniciales en mi piel, escribía
futuros en cada poro, sin más certezas que
el eco de tus pasos que aún no habían
llegado.

Y ahora, me descubro en tu sombra,
como si siempre hubiera sabido que
eras tú quien vendría, a leer mi
historia antes incluso de escribirla.

Abrazo cálido, tu
piel contra la mía, el
mundo calla.

Sin esperarlo

Y cuando menos te lo esperas, en un día cualquiera, en un cruce de caminos ordinario, llega alguien que te rompe los esquemas. Es como si un rayo de sol inesperado atravesara un cielo gris, iluminando todo con una luz nueva y sorprendente. De repente, todo lo que creías conocer, todo lo que dabas por sentado, se desmorona como un castillo de naipes en un soplo de viento.

Es como encontrar una flor extraña en un campo que has recorrido mil veces. Te detienes, la observas, y cada pétalo es un descubrimiento, cada aroma es una revelación.

Te rompe los esquemas como una tormenta que sacude los cimientos de una ciudad adormecida. Es una fuerza de la naturaleza, un torbellino que barre con tus certezas, dejando espacio para nuevas posibilidades. Y aunque no saber te vuelve loca, es esa misma locura la que te hace sentir más viva que nunca.

Esa persona se convierte en un mapa del tesoro, donde cada conversación es una pista, cada mirada es una coordenada que te acerca más a un secreto que ansías desvelar.

Es una aparición mágica, como un cometa que atraviesa tu universo personal, dejando tras de sí una estela de dudas y maravillas. No sabes por qué te vuelve loca, no entiendes qué tiene esa persona que no has visto en nadie más. Es un enigma, un misterio envuelto en humanidad, y esa incertidumbre, esa incógnita, es lo que hace que la vida sea tan maravillosa.

Es como si un pintor hubiera añadido un nuevo color a tu paleta, uno que nunca habías visto. Y ahora, con ese nuevo color, todo lo demás se ve diferente. Cada paisaje, cada horizonte se transforma, y comienzas a ver el mundo con ojos frescos, con una perspectiva renovada.

No sabes por qué te vuelve loca, pero también te libera. Es como lanzarte al vacío con la confianza de que, de alguna manera, encontrarás la forma de volar. Esa persona es el desafío que no sabías que necesitabas, la pieza del rompecabezas que no sabías que faltaba, y su llegada convierte lo ordinario en extraordinario.

Es el chisporroteo del fuego en una noche fría, el destello de un relámpago en la oscuridad. Es lo inesperado, lo impredecible, lo que hace que tu corazón lata con más fuerza, que tus pensamientos se aceleren, que tus sueños se llenen de nuevos caminos y posibilidades.

Y así, cuando menos te lo esperas, alguien llega y te rompe los esquemas. Te sacude, te despierta, te invita a explorar los rincones más profundos de tu ser. Es un recordatorio de que la vida, con todas sus sorpresas y misterios, es un viaje fascinante y maravilloso, siempre lleno de nuevas maravillas por descubrir.

Adiós

Te tengo que dejar ir, no porque no te quiera, sino porque he entendido que no puedes darme lo que quiero y lo que necesito. Sería violento para ti exigir que cumplas con mis expectativas, pero también sería violento para mí permanecer en un lugar donde no recibo lo que tanto anhelo.

Te tengo que dejar ir, aunque no quiero hacerlo. Te quiero conmigo, desearía encontrar una manera de quedarme, de ser nosotros, pero no puedo.

Te quiero, y es por eso que te dejo ir, no desde el enfado ni el resentimiento, sino desde el amor más puro, porque los dos merecemos lugares que nos hagan crecer, y hoy, en este momento, no podemos ser eso.

Por ahora, la mejor forma de cuidarnos es la distancia. Así que, te quiero, te agradezco todo lo que hemos sido y te digo adiós.

Te hablé en voz alta

Cuando le hablé a otro sobre ti, tu imagen se
quebró en mi mente. Ya no eras tan perfecto, el eco
de mis palabras reveló lo que no quería ver.

Tú no me amabas,
yo te inventaba, te esculpía en mis sueños
para hacer creer que era cierto, que eras
todo lo que mi corazón ansiaba.

Cuanto más contaba, más
vergüenza sentía.
Me di cuenta de que amaba una sombra, un
espejismo que creé para no ver la verdad: no
eras quien yo necesitaba.

¿Cómo?

¿Cómo me puedo elegir a mí, si
cada pensamiento te llama, si en
cada rincón de mi mente vivo
esperando tu respuesta?

¿Cómo puedo amarme yo, si lo
único que ansío es que me
contestes, que me expliques el
porqué de este daño que me
infliges?

Eres consciente, lo sé, del
peso de tu indiferencia, de
cómo tus silencios me
rompen en mil esquirlas.

Dime, ¿cómo puedo soltar si aún
espero, si aún quiero, si en mi
pecho late el dolor de no entender
por qué te alejas?

Elegirme a mí sería un acto de
valentía contra este vacío, pero
¿cómo luchar por mí cuando me
pierdo esperando por ti?

No quiero

No quiero tenerte para llenar las partes vacías de mí. Quiero llenarme a mí misma, crecer y encontrar mi propia plenitud. Quiero estar tan completa que mi luz sea suficiente para alumbrar una ciudad entera. Quiero ser mi propia fuente de felicidad, de amor, de paz.

Quiero conocerte desde un lugar de abundancia, no de carencia. No quiero que seas el parche de mis heridas, sino la compañía que celebre mis cicatrices. Quiero estar tan llena de vida, tan segura de mi valor, que nuestra unión no sea una necesidad, sino una elección consciente y libre.

Y cuando llegue ese momento, cuando esté tan llena de mi propia luz, entonces sí, querré tenerte. Porque la unión de dos seres completos puede crear algo extraordinario. Quiero que estemos juntos no para subsanar faltas, sino para potenciar virtudes. Porque la mezcla de nuestras luces no solo iluminará una ciudad, sino que podría incendiarla con una energía y pasión que solo dos almas plenas pueden generar.

Quiero que seamos dos fuegos intensos que juntos sean un incendio de amor, de creatividad, de vida. No quiero que llenes mis vacíos; quiero que caminemos juntos, cada uno con su propia luz, para que el brillo de nuestra unión sea tan fuerte que transforme todo a su alrededor. Quiero un amor que no supla, sino que sume. Porque solo así, con dos luces completas, podremos incendiar la ciudad y hacer de nuestra vida un espectáculo de luz y color.

Y cuando llegue el momento, cuando esté tan llena de mi propia luz, entonces sí, querré tenerte. Porque la unión de dos seres completos puede crear algo extraordinario. Quiero que estemos juntos no para subsanar faltas, sino para potenciar virtudes. Porque la mezcla de nuestras luces no solo iluminará una ciudad, sino que podría incendiarla

No quiero que llenes mis vacíos; quiero que caminemos juntos, cada uno con su propia luz, para que el brillo de nuestra unión sea tan fuerte que transforme todo a su alrededor. Quiero un amor que no supla, sino que sume. Porque solo así, con dos luces completas, podremos incendiar la ciudad y hacer de nuestra vida un espectáculo de luz y color.

Teléfono mudo

Tu ausencia, en el eco
de un teléfono mudo,
fue el adiós que
nunca dijiste en voz
alta.

Era tu manera sutil de decirme
que no vendrías,
que no estarías ahí cuando
más lo esperaba.

El reloj marcaba las horas, cada
minuto un recordatorio de lo que
habíamos sido, de lo que
habíamos compartido.

Pero ahora el silencio se volvía
protagonista. Lo que no se dice
es lo que más duele.

Lluvia

Cuando llueve, algo dentro de mí cambia.
Es como si el cielo gris se reflejara en mi
alma, volviéndola igual de oscura y cargada
de nubes.

No puedo evitar sentirme nostálgica,
como si cada gota que cae arrastrara
consigo fragmentos de recuerdos que
creía olvidados.

Esos días me siento pesada,
con el corazón envuelto en
una neblina de emociones que
no logro descifrar.

Las lágrimas del cielo parecen
encontrar eco en mi interior, y me
mimetizo con el entorno, dejándome
llevar por la melancolía que la lluvia
trae consigo.

La lluvia es un espejo de mis
sentimientos, un recordatorio de
que, a veces, la tristeza también
tiene su belleza, su lugar en el
mundo.

Me convierto en parte del paisaje, en una figura más bajo la tormenta, aceptando que, como el clima, mis emociones también cambian, fluyen y encuentran su propia forma de expresarse.

Es en esos momentos, cuando el mundo se vuelve gris
y la lluvia canta su melodía triste, que me siento más en sintonía conmigo misma, más conectada con la parte de mi ser que a menudo permanece en silencio, esperando su momento para salir a la superficie.

Cenizas

Quiero hacerme agua sobre las cenizas de tus otros incendios. No para apagar lo que una vez ardió en ti, sino para nutrir lo que ha quedado, para dar vida nueva a lo que parecía perdido. Sé que has ardido antes, que has sentido el calor abrasador de pasiones que, en su momento, te consumieron. Y sé que, de esos incendios, solo quedaron cenizas frías y recuerdos quemados que aún se esparcen en el viento de tus pensamientos.

No vengo a ignorar esas cenizas, ni a pretender que nunca existieron. Las reconozco, las veo esparcidas en tu mirada, en las pausas de tus palabras, en los silencios que a veces llenan el espacio entre nosotros. Quiero hacerme agua sobre ellas, no para borrar lo que fue, sino para curar lo que quedó herido, para calmar lo que aún duele en lo profundo.

El agua tiene el poder de transformar, de convertir la sequedad en fertilidad, de hacer que algo nuevo crezca donde antes solo había tierra quemada. Quiero ser esa agua en tu vida, que fluye suave, sin prisa, encontrando su camino entre los rincones más oscuros de tu corazón. Quiero ser el alivio que necesitas, el río que te acompaña, que te refresca, que te devuelve la capacidad de sentir sin miedo a arder de nuevo.

No temo tus incendios pasados, ni las cicatrices que dejaron. Sé que son parte de ti, de lo que eres ahora. Pero también sé que hay algo más allá de esas cenizas, algo que espera florecer si tan solo se le da la oportunidad. Y yo quiero ser quien te acompañe en ese renacer, quien te muestre que aún es posible amar, que aún es posible confiar.

Porque, aunque tus incendios hayan dejado su marca, yo creo en la resiliencia del amor, en su capacidad de sanar y transformar. Quiero ser el agua que te recorra, que te haga sentir vivo de nuevo, que te muestre que, incluso después de los fuegos más devastadores, hay esperanza. Juntos, podemos ver cómo, sobre esas cenizas, algo nuevo y hermoso puede crecer.

Así, en lugar de temer a los incendios que viviste, aprenderás a verlos como parte de tu historia, una historia en la que el agua y el fuego, juntos, crean un equilibrio perfecto. Y en ese equilibrio, encontraremos nuestro propio camino, uno donde las cenizas no sean el final, sino el comienzo de algo infinitamente más hermoso.

Capricho o sentimiento

¿Qué es el amor? ¿Un capricho o un sentimiento? ¿Qué es el deseo? ¿Una bendición o una maldición?

Esas preguntas revoloteaban en su mente, como hojas arrastradas por un viento incierto. Se sentía atrapado en el centro de un huracán de emociones, tratando de discernir la naturaleza de lo que sentía. El amor y el deseo, esos dos misterios que, desde siempre, han llenado de confusión y maravilla el corazón humano, ahora lo enfrentaban con su propio reflejo en el espejo de sus dudas.

El amor... ¿podría ser simplemente un capricho del corazón, un antojo pasajero que llega como una ráfaga de aire fresco, pero que pronto se disipa, dejando tras de sí solo un eco lejano? O tal vez, pensaba, el amor es un sentimiento profundo, arraigado en lo más hondo del ser, que va más allá de la razón, más allá de los caprichos del momento. Un fuego constante que arde suavemente, alimentado por la ternura y la comprensión, por la paciencia y la conexión verdadera entre dos almas.

Pero entonces estaba el deseo. Esa fuerza incontrolable, esa chispa que enciende el cuerpo y la mente en un solo instante. ¿Era una bendición, como un rayo de luz que ilumina la oscuridad, trayendo consigo una pasión que da vida? ¿O era una maldición, una putada del destino, que nos arrastra a una tormenta de emociones intensas, a veces incluso destructivas, sin prometer nada más que una satisfacción momentánea?

Se encontró reflexionando sobre las veces que había sentido ambas cosas, el amor y el deseo, en su vida. Recordó los momentos de euforia, cuando el deseo lo había hecho sentir invencible, como si pudiera conquistar el mundo con una sola mirada o un solo toque. Pero también recordó las noches de soledad, cuando el deseo se había esfumado, dejándolo vacío, preguntándose si realmente había sido bendecido o maldecido por esa intensidad.

Y el amor... ¿cuántas veces había confundido un capricho con el verdadero amor? ¿Cuántas veces había pensado que amaba, solo para darse cuenta de que lo que sentía era un simple anhelo, una necesidad de llenar un vacío? Pero también estaban esos momentos raros y preciosos, cuando el amor se revelaba en su forma más pura. No en un capricho fugaz, sino en una conexión que lo hacía sentir comprendido, aceptado, amado no por lo que podía ofrecer, sino simplemente por ser quien era.

Así, comprendió que tal vez no había respuestas claras a sus preguntas. El amor podría ser un capricho y un sentimiento, dependiendo de cómo lo viviéramos. El deseo podría ser una bendición y una putada, según cómo lo enfrentáramos. Pero en lugar de buscar etiquetas, decidió que lo más importante era vivir esas emociones plenamente, sin miedo a lo que podrían traer.

Porque, en última instancia, el amor y el deseo son partes esenciales de la experiencia humana. Son fuerzas que nos mueven, que nos desafían, que nos enseñan sobre nosotros mismos y sobre los demás. Y aunque a veces puedan parecer confusos o incluso dolorosos, también son lo que nos hace sentir vivos, lo que nos impulsa a buscar, a soñar, a conectar.

Quizás, pensó, en lugar de preguntarse qué eran, debía simplemente aceptarlos como parte del gran misterio de la vida. Y así, con una sonrisa en los labios, decidió dejar de lado las preguntas y simplemente permitirse sentir. Porque, en el fondo, eso era lo que hacía que la vida, con todos sus altibajos, valiera la pena.

Amar no es suficiente

El momento en el que comprendes que amar no es suficiente llega como un golpe silencioso, inesperado. Durante tanto tiempo creíste en la idea de que el amor lo podía todo, que mientras hubiera sentimiento todo se mantendría en pie. Pero la vida, con su crudeza, te enseña otra lección: el amor, aunque inmenso, no siempre logra sostener lo que se desmorona.

Es en una discusión, en una mirada perdida, en el silencio que se prolonga más de lo debido, cuando te enfrentas a esta realidad. Te das cuenta de que no importa cuánto ames, no basta para curar todas las heridas, para resolver todas las diferencias o para llenar cada vacío. El amor no puede borrar lo que no se comunica, lo que no se enfrenta. Las acciones, las decisiones, las renuncias que se postergan van creando una distancia que el amor, por sí solo, no puede cruzar.

Te encuentras frente a la persona que amas, y de repente sientes que hay un abismo entre ustedes. No es la falta de amor lo que duele, sino el descubrimiento de que se necesitan otras cosas: compromiso, comunicación, entendimiento. Cosas que el amor, aunque profundo, no puede suplir.

Intentas aferrarte a lo que queda, repites en tu cabeza que aún hay amor, que debería ser suficiente, pero las grietas ya están ahí, invisibles al principio, ahora demasiado claras. Y te golpea el miedo de que amar nunca fue el único requisito para mantener algo vivo. El esfuerzo, la paciencia, el respeto, la voluntad de aprender a convivir con las diferencias, todo aquello que complementa el amor y lo convierte en algo duradero, falta o se desvanece.

Es en ese instante cuando lo comprendes: el amor es una chispa que ilumina, pero no es el fuego que sostiene el calor constante de una relación. Y esa revelación es demoledora, porque durante mucho tiempo pensaste que lo tenías todo bajo control, que mientras amaras todo estaría bien. Pero no lo está.

El amor, solo, es una promesa hermosa pero incompleta. El verdadero reto comienza cuando entiendes que es apenas el comienzo, y que sin los pilares que lo complementan todo puede derrumbarse.

Gotas de engaño

¿Cuántas veces te tiene que caer
encima una gota para que te des
cuenta de que está lloviendo?

Y ¿cuánto tiempo más necesito
para darme cuenta de que estoy
atrapado en una tormenta que
no cesa?

Cada gota que cae es un susurro,
un eco de esas promesas que me
hiciste y que se esfumaron como
humo.

El cielo se ha vuelto gris, igual que mis pensamientos.
Tus mentiras no hacen más
que azotarme, como un viento frío que no se detiene.

Al principio, me engañaste y mi corazón
titubeó, pero cuando lo hiciste por
segunda vez sentí cómo mi espíritu
empezaba a romperse en pedazos.

¿Cuántas veces debo tropezar
con la misma piedra para darme
cuenta de que el camino que
sigo está lleno de trampas?

Me abrazaba a esa piedra,
notando su frialdad, sintiendo
cómo el vacío de tus palabras
falsas me calaba hasta los
huesos.

Lloraba lágrimas que ni
siquiera eran mías, lágrimas
por un amor que, ahora lo
sé, nunca existió.

¿Cuántas veces debo esperar bajo la
lluvia antes de darme cuenta de que
el sol ya no va a salir?

Llorar sobre piedras esperando que
algo cambie es tan inútil como
esperar un rayo de sol en plena
tormenta.

Cada lágrima que he derramado es
una gota de mi alma, y cada
mentira tuya es una herida más en
mi corazón.

Pero hoy decido dejar de contar esas
gotas. Dejo de abrazar esa piedra fría y me
levanto, dejando atrás tus mentiras y las
fantasías que inventé para justificar lo
injustificable.

Voy a buscar un cielo despejado, sin
nubes, sin tormentas.
Un lugar donde pueda estar en paz,
donde no tenga que contar gotas ni
esperar que el sol brille
en medio de la tormenta.

De espaldas al espejo

Mi error fue darle la espalda al espejo por mirarte a ti. En ese acto de desviarme de mi propio reflejo, de ignorar mi esencia y mis necesidades, cometí un error que me ha llevado a una profunda introspección. Te di a ti toda mi atención, toda mi energía, todo mi amor, y en ese proceso me olvidé de mí mismo. Ahora, al mirar hacia atrás, veo con claridad las consecuencias de ese descuido.

En cada mirada que te dirigía, buscaba encontrar en ti lo que no podía ver en mí mismo. Te convertiste en mi centro, en mi razón de ser, y en ese enfoque obsesivo perdí la perspectiva de quién era yo realmente. Me volví un eco de tus deseos, una sombra de tus aspiraciones, y en ese proceso mi propia voz se fue apagando poco a poco.

El espejo, ese objeto que refleja nuestra verdad más íntima, quedó relegado a un rincón oscuro. Ya no buscaba en él respuestas, ni validación, ni consuelo. Todo eso lo buscaba en ti. Te convertiste en mi reflejo, en el prisma a través del cual veía el mundo. Pero en ese reflejo mi propia imagen se distorsionó, se volvió borrosa e irreconocible.

Al mirarte a ti, encontré un sentido de propósito que creí inquebrantable. Tu presencia era mi refugio, tu aprobación, mi alimento. Cada gesto, cada palabra tuya, se convirtió en la brújula que guiaba mis pasos. Pero en ese afán de seguirte me alejé cada vez más de mi verdadero norte, de mi identidad y de mis sueños.

El espejo, en su silencio, me esperaba pacientemente. Era testigo mudo de mi transformación, de mi pérdida. Y en ese abandono, en esa indiferencia hacia mi propio reflejo, se gestó un vacío que crecía con el tiempo. Un vacío que ninguna mirada tuya, por intensa que fuera, podía llenar.

La realidad de mi error comenzó a manifestarse en pequeños detalles. En los momentos de soledad, cuando tu presencia no podía llenar el espacio, me encontraba cara a cara con mi propio abandono. Sentía una desconexión profunda, una sensación de pérdida que no podía comprender del todo. Era como si hubiera extraviado algo esencial, algo que me definía y que ahora no podía encontrar.

Volver al espejo fue un proceso doloroso y revelador. Al principio, temía lo que pudiera encontrar en él. ¿Qué quedaría de mí después de haberme volcado tanto en ti? Pero el espejo, con su verdad incuestionable, me mostró una imagen que aún tenía esperanza. Una imagen que, aunque dañada y desdibujada, aún podía ser restaurada.

Mirarme de nuevo en el espejo fue reconectar con mi esencia. Fue recordar mis sueños, mis pasiones, mis valores. Fue redescubrir una voz que había sido silenciada, pero que aún podía cantar. Fue entender que, para amar plenamente a alguien, primero debía amarme a mí mismo. Que para dar lo mejor de mí debía estar completo, debía estar en paz con mi propio reflejo.

Tuve que aprender a equilibrar mi amor por ti con el amor por mí mismo. A entender que, en una relación sana, ambos reflejos deben ser valorados y respetados. Que no puedo darle la espalda a mi espejo, porque en él se encuentra la base de mi identidad, la raíz de mi ser.

El proceso de reconexión no fue sencillo. Tuve que enfrentar miedos, inseguridades y heridas profundas. Tuve que aprender a estar solo conmigo mismo, a valorar mi propia compañía. Tuve que encontrar de nuevo mi voz, mi camino, mi propósito. Y en ese viaje, descubrí una fuerza interior que había olvidado que tenía.

Ahora, al mirarte, lo hago desde un lugar de plenitud y equilibrio. Ya no busco en ti mi reflejo, sino que te veo como un compañero de viaje, alguien que suma a mi vida, pero que no define mi existencia. Mi espejo y yo hemos hecho las paces, y en esa reconciliación, he encontrado una paz y una fortaleza que me permiten amarte de una manera más auténtica y libre.

Mi error fue darle la espalda al espejo por mirarte a ti, pero de ese error he aprendido una lección invaluable. He aprendido que el amor verdadero no requiere sacrificio de nuestra esencia, sino que florece cuando ambos podemos mirarnos en el espejo y reconocer nuestra propia luz.

El peso del silencio

Mi cuerpo pesa, no puedo más, como si
me hubieran dado una paliza, y tú ni
siquiera te das cuenta.

Necesito que me sostengas, pero
lucho contra mi cabeza que me
grita: «No te necesito, puedo
sola».

Pero es mentira.
Me frustro, porque no puedo.
Me duele todo.

No puedo dejar de llorar, ni de
echarte de menos, mientras
busco en mi mente qué decir
para que lo entiendas.

¿Lo sabes, y aun así decides hacerme daño?
Eso sería demasiado cruel, es imposible.
No puedo creerlo.

¿Por qué?
¿Qué puedo hacer, si el peso de tu indiferencia
me deja sin aire, sin respuestas, sin ti?

Peaje

Ojalá no hubiese tantos peajes en
esta distancia que nos separa, tantos
giros imprevistos que nos alejan del
encuentro, como si el destino jugara
a esconderse entre pasos perdidos.

Cada esquina es un suspiro, un deseo doblado al
vacío, una curva donde te busco y no te
encuentro, donde el tiempo parece estirarse
como un hilo frágil que amenaza con romperse.

Ojalá el camino fuera recto, sin
desvíos, sin laberintos, solo una
línea clara que me lleve hasta ti,
sin más curvas que tus brazos
rodeándome al final del trayecto.

Sonrisa

Un día me dijiste que te encantaba mi
sonrisa, y ahora entiendo
por qué te la llevaste.

La guardaste entre tus
recuerdos, en algún rincón
donde ya no puedo alcanzarla.

Quizá pensaste que podrías
hacerla tuya, como si mi
alegría fuese parte de tu
colección.

Ahora me miro en el espejo y busco su
rastro, pero se ha ido contigo, como las
palabras que nunca dijimos, como los
sueños que se apagaron.

Te llevaste mi sonrisa, y en el
silencio, me pregunto si
alguna vez volveré
a encontrarla.

The end

La peli terminó, pero te cuesta
soltarla como si en esos créditos
flotara un pedazo de ti, de lo que
fue y no volverá.

Ahora vives en una escena de créditos infinita,
donde los nombres pasan y se pierden, y el
mundo sigue, implacable, pero tú te quedas en
pausa, atrapado en el suspiro del final.

Las luces se encendieron, el
cine vacío te llama a salir,
pero sigues ahí, con los ojos fijos en esa lista
interminable, esperando quizás que algo
cambie,
que el guion te regale
una escena más, un
último respiro.

Te dejo ir

Te dejo ir,
como quien suelta una cuerda quemada,
con las manos aún ardiendo, con el pecho
en carne viva.

Te dejo ir,
porque aferrarse duele más que
la herida de tu ausencia.

Se nos fue el amor como el agua
entre los dedos, sin avisar, sin
darnos tiempo de aprender a
sostener lo inevitable.

Y aquí estamos, con palabras vacías
en la boca y los recuerdos
haciéndose nudos en la garganta.

No te guardo rencor, pero hay
cicatrices que no te diré. No hay
espacio para héroes en esta
historia rota.

Nos destrozamos despacio,
sin darnos cuenta, hasta que
no quedó nada salvo esta
despedida.

Te dejo ir, porque el amor
que alguna vez fue refugio
hoy es ruina.

Y aunque aún me queden esquirlas tuyas
clavadas en el alma, prefiero
el vacío antes que seguir
sangrando.

Te suelto,
como se sueltan los cuchillos
cuando cortan demasiado
profundo.

Te suelto,
aunque me queme por dentro, aunque
cada paso que doy lejos de ti parezca
una traición a lo que fuimos.

Nos fuimos perdiendo, sin darnos cuenta, entre
promesas que sonaban a mentira y silencios que
gritaban más que las palabras.
Nos desgastamos con las uñas, arañando
lo que quedaba, y ahora no hay nada más
que escombros donde hubo fuego.

No quiero decir que me duele,
porque el dolor ya no tiene nombre,
solo existe como un hueco, como un

vacío que se expande cuando miro el
espacio que alguna vez ocupaste. Y
en ese vacío, me pierdo.

Te suelto, porque retenerte es seguir
rompiéndonos, es rasgar la herida
que nunca sana.

Te suelto,
aunque aún escucho tu eco en cada rincón,
aunque el adiós se quede atrapado en mis
labios que aún quieren pronunciarte.

Lo que fuimos

En algún rincón de mi memoria, aún resuenan los ecos de los días en que éramos felices juntos. Esos momentos que compartimos, aunque ahora se hayan desvanecido en el tiempo, siguen vivos en mi corazón. Sé que ya no estamos, que no somos ni seremos. Es una verdad que golpea con fuerza, una realidad que trato de aceptar, pero que todavía me resulta difícil.

Cada mañana despierto con la esperanza de que hoy será el día en que finalmente pueda dejarte ir, pero la nostalgia tiene una manera de colarse en mis pensamientos sin previo aviso. Hay instantes en que todo parece un sueño distante, y en otros la memoria de tu risa, tu mirada y la manera en que me hacías sentir se presentan con una claridad abrumadora.

Es en esos momentos de claridad cuando me doy cuenta de lo mucho que echo de menos lo que teníamos. Me cuesta hacer como si no lo extrañara, como si esos días felices no hubieran existido. Cada intento de seguir adelante se siente como una lucha contra un fantasma, una sombra de lo que una vez fue.

Quiero estar bien. Realmente lo deseo. Quiero encontrar la paz y la felicidad que sé que merezco. Pero no puedo negar que la ausencia de lo que teníamos me pesa, que el vacío que dejaste es difícil de llenar. Y tengo miedo. Miedo de que nunca pueda sentirme completo sin ti, miedo de que este dolor nunca desaparezca por completo.

A veces me pregunto si fingir podría ser la solución. Si actuar como si todo estuviera bien podría, eventualmente, hacer que realmente lo esté. Pero la verdad es que fingir no se siente natural. Fingir es un esfuerzo consciente, una fachada que se desvanece con la más mínima provocación. Me cuesta entender que, tal vez, nuestro destino no era compartir la vida juntos. Quizá estábamos destinados a cruzarnos, a enseñarnos algo valioso, y luego seguir caminos separados.

Aceptarlo es difícil. Admitir que nuestro tiempo juntos fue solo un capítulo en nuestras vidas y no el libro completo es doloroso. Pero también sé que aferrarse a un pasado que ya no existe no es saludable. Necesito aprender a encontrar mi felicidad sin ti, a llenar ese vacío con nuevas experiencias, nuevas personas y, sobre todo, con amor propio.

Es un proceso, y sé que no será fácil. Habrá días buenos y días malos, momentos de avance y momentos de retroceso. Pero creo que, poco a poco, podré encontrar la manera de estar bien. De recordarte con cariño, sin dejar que el recuerdo me lastime.

Porque, al final del día, quiero creer que ambos merecemos ser felices, incluso si no es juntos. Y aunque me cuesta aceptarlo, sé que este es el primer paso hacia esa felicidad: reconocer que nuestra historia ha terminado, pero que mi vida sigue adelante. Y en ese camino, aprenderé a ser fuerte, a ser feliz y a encontrar la paz que tanto anhelo.

Canción olvidada

Soy esa canción que ya no escuchas, pero te da miedo borrar, porque en sus notas está guardado lo que un día fuiste y ya no quieres recordar. Me tienes ahí, en ese rincón polvoriento, entre melodías que solían hacerte vibrar, pero ahora soy solo un eco distante de un sentimiento que dejaste marchar.

No me pones, no me cantas, pero tampoco me dejas ir. Soy la banda sonora de tus recuerdos, la que te pesa en silencio, la que aún late en algún lugar de ti.

Sabes que borrarme es cerrar un capítulo, es despedirte de lo que fuimos, es decir adiós al tiempo en que nuestras vidas bailaban al mismo ritmo.

Y aunque ya no me busques como antes, sé que a veces me piensas sin querer, como esa melodía que aparece en tus sueños, recordándote lo que pudo ser.

Soy esa canción que ya no escuchas,
pero te da miedo olvidar, porque,
aunque el tiempo pase, aún queda una
parte de ti que no quiere dejarme
atrás.

Más que un quizás

Mereces más que un quizás en su mirada, más
que dudas disfrazadas de promesas, más que
silencios que no dicen nada y palabras que
nunca acaban de ser ciertas.

Tú mereces certezas, no mitades, un amor
que no se esconda tras excusas, que te
mire con la verdad en los ojos, sin sombras
ni verdades difusas.

No mereces esperar en la orilla de un
mar que nunca se decide a llegar, ni vivir
preguntándote si, al fin, ese corazón por
ti va a despertar.

Porque el amor no es un juego de adivinanzas,
es un latido firme, una mano abierta. Es saber
que eres tú, sin más preguntas, sin miedo a que
el tiempo lo vuelva incierto.

Mereces más que un quizás en su mirada,
mereces ser el centro de su cielo, un amor
que no tema entregarse completo, que te
elija cada día, sin peros ni recelos.

Al filo

Jamás nos encontramos tan a merced del sufrimiento
como cuando amamos, cuando
entregamos el alma desnuda y el
corazón late en manos ajenas.

Es en ese instante cuando el amor
florece, también crecen las raíces del
dolor, ocultas bajo el brillo de una
promesa que nunca es segura.

Amar es un riesgo, es caminar sobre el filo
entre el cielo y el abismo, y, sin embargo, nos
lanzamos, sin red, sin miedo al golpe, porque
en la caída se esconde la única verdad que
buscamos.

Pero ¿quién no ha sentido ese
filo cortando en silencio,
cuando el amor se tambalea,
cuando lo que era refugio se
convierte en tormenta?

Es entonces, en esa fragilidad absoluta,
donde el sufrimiento encuentra su morada.

Amar es estar a merced de lo que no
podemos controlar, es saber que lo
que más nos da vida también puede
destruirnos.

Y, aun así,
seguimos amando, porque
en ese dolor también reside
la belleza de sentirnos tan
humanos, tan vulnerables,
tan vivos.

Colisiones

Creo que tengo una persona chocando
con las paredes del cerebro, una sombra
inquieta que nunca descansa.

Golpea con fuerza, rebotando en
mis pensamientos, y no encuentra
salida.

A veces se queda quieta, en
los rincones más oscuros,
susurrando dudas que no
puedo ignorar.

Otras veces se desata, como
un torbellino, rompiendo
todo a su paso,
desordenando mis días y
arrastrando mi calma.

No sé quién es, ni por qué está
ahí, pero vive en mi mente como
un huésped indeseado, y cada
golpe contra las paredes
retumba en mis noches, en mis
horas de soledad, donde ya no
hay más ruido que el de sus
pasos errantes.

Fragmentos

Cuando quieras, te vuelvo a
echar una mano, para que me
rompas uno a uno los dedos que
alguna vez te sostuvieron.

Ya no duele como antes, el dolor ha
aprendido a hacerse silencio, y en cada
quiebre hay algo de costumbre.

Destroza mis manos, que ya no
saben cómo sujetarte, que
olvidaron el arte de aferrarse a lo
que huye.

Rómpelos despacio, como quien
desarma una obra que ya no
reconoce, como quien se
despide de algo que nunca
volverá.

Y aunque al final queden solo
huesos, los restos sabrán que, al
menos, fueron tuyos por un
instante, antes de perderse en el
vacío donde las promesas van a
morir.

No te asustes

No te asustes si una noche cualquiera, cuando las estrellas parecen cuchillos en la oscuridad, te vuelves a acordar. La memoria es como el océano, profundo y vasto, escondiendo tesoros y tormentas. Hasta la cicatriz que mejor sana, esa que creías olvidada en la bruma del tiempo, puede volver a arder con la intensidad de un faro en la noche.

Las cicatrices son los anillos de los árboles en el bosque de nuestra alma. Marcan los años, las batallas, los inviernos. No son heridas abiertas, pero a veces, bajo la luna llena o en el susurro del viento, vuelven a palpitar con el ritmo de los recuerdos.

Como la marea que siempre regresa, trayendo consigo fragmentos de naufragios antiguos, los recuerdos vuelven. Pueden ser dulces como un susurro perdido o amargos como la sal en una herida fresca. Y no importa cuánto hayamos crecido, cuánto hayamos sanado, hay noches en que el eco del pasado resuena en nuestro corazón.

No te asustes si una noche cualquiera te vuelves a acordar. Es el susurro del universo, recordándote que has vivido, que has sentido, que has amado y perdido. Es la vida, tejiendo su telaraña de experiencias, con hilos de alegría y dolor, de risas y lágrimas.

Hasta la cicatriz que mejor sana vuelve a doler de vez en cuando. Como una rosa que aún guarda espinas bajo sus pétalos, nuestras cicatrices son recordatorios de nuestra fuerza, de nuestra capacidad de sanar. Son las marcas del guerrero que ha luchado y ha vencido, y aunque a veces duelan, son testigos de nuestra resiliencia.

Así que no te asustes. Permite que el recuerdo te atraviese como un rayo de luna en la noche. Siente el latido de la vieja herida y luego, como una hoja llevada por el viento, déjalo ir. Porque, aunque las cicatrices duelan de vez en cuando, también son pruebas de que hemos sobrevivido, de que seguimos adelante, de que cada día somos más fuertes.

En esas noches, cuando la nostalgia se convierte en un visitante inesperado, recuérdate que la vida es un constante fluir. Y aunque el dolor vuelva, también lo hará la calma. Como un río que nunca se detiene, nuestra existencia es un viaje de sanación y crecimiento, de sombras y luz. Y cada cicatriz, cada dolor que vuelve, es simplemente una nota en la sinfonía de nuestra vida.

Carta de despedida

Nos quisimos en la distancia, entre
palabras y suspiros, sin que nuestras
manos se tocaran,
sin que nuestros ojos compartieran más que la
luz de una pantalla, y, aun así, me enamoré de
ti.

Fueron meses de sueños, de promesas
silenciosas, de imaginar un abrazo que nunca
llegó, de construir puentes invisibles entre tu
mundo y el mío, creyendo que algún día
podríamos cruzarlos.

Nos amamos sin vernos, sin saber realmente
cómo sería sentirte, y en ese amor extraño,
hermoso y doloroso, descubrimos que no
todos los sueños llegan a tocar el suelo.

No sé cómo decir adiós a lo que nunca fue, a
los abrazos que imaginé y a los besos que
nunca te di.

Amor

Dime, amor, cómo te va sin mí, ¿te
has acostumbrado al silencio que
ahora cubre los rincones donde
solía habitar nuestra risa?

Dime, amor, cómo respiras sin mí, ¿te
envuelve el viento con suavidad? A mí
me faltan tus suspiros, como caricias
que me daban paz.

Dime, amor, cómo navegas sin mí,
porque yo me pierdo sin tu norte, y
aunque el tiempo avanza, mi
corazón sigue detenido en ti.

Dime, amor, cómo van tus días, ¿te
abrigan las horas sin mi voz? Yo me
pierdo en noches vacías, sin tu risa,
sin tu calor.

A mí no me va tan bien, algo me
falta, lo sabes tú. Tu sombra sigue
en mis rincones, me faltas... me
faltas tú.

Desprenderse

La gente se aferra a la costumbre como
a una roca en medio del tiempo,
agarrando con fuerza lo conocido,
aunque las manos sangren, aunque el
viento insista en arrancarles el alma.

Se aferran al peso, a lo que no cambia,
porque en la inercia hay una falsa calma,
una seguridad hecha de rutina que los
envuelve como una prisión invisible.

Pero ¿qué es la vida sino
saltar al vacío, dejarse
caer en el mar y sentir
cómo el agua fría
despierta los sentidos?

Zambullirse, sumergirse en lo
profundo donde el miedo no tiene
lugar y cada ola es una nueva
oportunidad de volver a ser.

La roca es solo una ilusión, un ancla
que nos arrastra, mientras el mar,
inmenso y salvaje, nos espera con sus
brazos abiertos.

Deberíamos soltarnos, romper
el agarre, y flotar en la
incertidumbre de lo que aún no
hemos vivido.

Porque solo cuando nos desprendemos
del peso que nos retiene comenzamos
a vivir.

Apertura

Abrirte las puertas de mi vida, con temor y
esperanza, es mostrarte mis llagas, mis dolores
callados, revelar mis sombras, mis noches
desveladas, es darte la llave de mis heridas
profundas.

Te confieso mis penas, mis cicatrices
ocultas, mis sueños truncados, mis
batallas adultas, te doy el permiso de
besar lo que duele, o dejar que el dolor en
mi alma se cuele.

Puedes sanar con tus labios mis heridas abiertas o
romperme el corazón, dejarme en mil piezas; elijo
confiarte mi mundo interior, con la esperanza de
encontrar en ti amor.

Es un riesgo amar, es un riesgo vivir,
pero en tu mirada encuentro un
motivo para seguir.

Despojo

Hoy el viento lleva tu nombre y mi
pecho, aunque pequeño, te sigue
guardando como quien guarda un
secreto maldito entre los dientes.

Me desarmo con cada paso,
pero sigo adelante, como si el
suelo supiera más de mí que
yo misma.

No te pienso, te lloro a escondidas, como se llora
lo que ya no tiene vuelta, como se extraña lo que
nunca se tuvo del todo.

Pero me sostengo en el aire,
a pesar de los inviernos que
dejaste en mis manos.

Danza de palabras

Las palabras quedan retenidas, pesadas como piedras en mi pecho, mientras percibo cómo duele todo lo que no me atrevo a decir.

Cada emoción contenida se transforma en un eco silencioso que resuena dentro de mí, desgarrando en su paso.

La postergación es un veneno lento, una herida invisible que se agrava con cada instante de duda.

La incertidumbre me planta mil dudas, regando miedos que crecen como enredaderas asfixiantes.

Siento una distancia abismal entre lo que mi corazón grita y lo que mi mente me permite sentir.

Hay un vasto mar entre lo que realmente soy y lo que muestro a los demás.

Mis sonrisas a menudo son como disfraces que disimulan carencias, una fachada pulida que oculta tormentas internas.

Pocos son los que logran ver más allá de esta imagen cuidadosamente construida, aquellos que detectan las grietas en la superficie y las fisuras en mi alma.

La ironía es que, a pesar de sentirme atrapada en este silencio autoimpuesto, sigo caminando, sigo fingiendo que todo está en orden, que las palabras no dichas no me pesan, que la verdad no tiene importancia.

Pero en el fondo, sé que las palabras retenidas duelen más que cualquier cosa que pudiera decir en voz alta.

Y mientras sigo postergando lo inevitable, el vacío crece, alimentado por el miedo y la duda.

Es una danza entre lo que quiero mostrar y lo que escondo. Una sonrisa que disfraza mi vulnerabilidad, una coraza que solo pocos se atreven a atravesar.

Pero a veces, solo a veces, anhelo que alguien vea más allá, que alguien pueda escuchar lo que no digo, que alguien entienda que, tras la sonrisa, hay un alma que también necesita ser escuchada.

Renacer

Hoy me levanto con el alma llena de sol,
como si cada cicatriz fuera una flor que
florece en el jardín del tiempo.

He caído, sí,
tantas veces que aprendí a amar el suelo, a
conocer su frío y su dureza como se conoce
el abrazo de un viejo amigo inevitable.

Pero hoy el día me sonríe.
Las sombras que antes me perseguían se
desvanecen en el aire, y lo que antes fue
miedo ahora es viento que impulsa mis
alas.

No soy la misma persona que
ayer lloraba a escondidas, no.

Hoy llevo en el pecho la certeza de
que el dolor se convierte en río
y el río en mar, y el mar,
tarde o temprano, siempre
devuelve la calma.

El mundo, con su vaivén de promesas rotas,
no me dobla, porque dentro de mí hay un
rincón secreto donde todo vuelve a empezar.

He comprendido, que la vida, como los sueños, se rehace cada mañana, y yo, con los pies descalzos y el alma desnuda, camino sobre mis escombros hacia la luz que siempre estuvo ahí, esperando a que la viera.

Palabras

Observa bien tus pensamientos, porque son las semillas de tu ser. En el jardín de tu mente, cada pensamiento que permites florecer tiene el potencial de convertirse en palabras, las cuales son las primeras manifestaciones de tu realidad interior. Los pensamientos son ecos silenciosos que, cuando se les presta atención, revelan deseos y temores que podrían pasar desapercibidos.

Cada palabra que pronuncias lleva consigo la influencia de esos pensamientos. Las palabras son pinceladas en el lienzo de tu vida, trazando caminos y esbozando las imágenes que tu alma proyecta hacia el mundo. Así como un artista elige sus colores con cuidado, elige tus palabras con intención, porque las palabras moldean la percepción y crean la realidad que compartes con los demás.

Las palabras, a su vez, se convierten en acciones. Las acciones son la manifestación tangible de lo que dices y piensas. Son las huellas que dejas en el suelo de tu vida, las decisiones que tomas y los pasos que sigues. Cada acción es un reflejo de las palabras que han sido, a su vez, forjadas por tus pensamientos. Es en las acciones donde el pensamiento y el lenguaje se encuentran, y el carácter comienza a formarse.

Tu carácter, formado por la repetición de tus acciones y el peso de tus palabras, es el mapa de tu verdadera esencia. Es la sumatoria de lo que has pensado, dicho y hecho. Es el reflejo de tu consistencia y de las elecciones que has hecho a lo largo del tiempo. Tu carácter es el pulso constante que define quién eres en el fondo, la piedra angular sobre la cual construyes tu vida.

Finalmente, observa tu carácter, porque es el arquitecto de tu destino. El destino no es un azar fortuito, sino una consecuencia de la forma en que has elegido vivir, pensar y actuar. El destino es el desenlace de tu viaje, la manifestación de tu carácter en el escenario de la vida. Tu destino es el hogar al que llegas, construido con los ladrillos de tus pensamientos, palabras, acciones y carácter.

Así, cada pensamiento que tecleas en el teclado de tu mente tiene el potencial de moldear tu vida. Cada palabra que eliges decir y cada acción que decides tomar van formando el tejido de tu destino. Observa, con atención y sabiduría, los hilos invisibles que tejen tu existencia, y recuerda que, en la trama de tu vida, tú eres tanto el artista como el observador, el creador y el destinatario de tu propio destino.

Cuando nadie mira

Cuando nadie mira,
las flores bostezan,
las estatuas respiran,
y los espejos reflejan lo que no nos atrevemos a ver.

Cuando nadie mira,
las cartas olvidadas leen solas sus propias despedidas,
las sillas vacías cuentan historias
de quienes se sentaron en ellas.

Cuando nadie mira,
la luna bosteza,
las sombras se enderezan,
y el mundo deja de fingir
que todo está en su sitio.

Me quedé con las ganas

Me quedé con las ganas de verte llegar
con la sonrisa intacta,
con la certeza en los ojos
de que éramos invencibles.

Me quedé con las ganas de un café sin prisa,
de un «quédate» sin miedo,
de un «te quiero» sin dudas.

Me quedé con las ganas,
pero no contigo.

Fragmentos invisibles

Te vi partir
con el peso de mi culpa
pegado a tu espalda.
Te quise sano,
pero te di mis heridas.

Ahora, entre los escombros,
solo quedan las ruinas

de lo que nunca aprendí a ser:
mi propio hogar.

ÍNDICE

Este libro se terminó de editar en Granada
en diciembre de 2025 por

www.aversopoesia.com
hola@aversopoesia.com